"El libro de Michael McCathren, 6 Ps de la Inno<br>
porciona a los directivos y líderes un recurso profundo y práctico. Cada uno de estos seis elementos esenciales se ilustra con ejemplos claros y se desarrolla con herramientas y prácticas listas para usar. El libro de Michael está diseñado para el profesional de la innovación que necesita respuestas a las siguientes preguntas: ¿Dónde estoy? ¿Hacia dónde quiero ir? ¿Qué debo hacer a continuación? ¿Qué debo evitar?".

— MICHAEL BARRY

*Profesor adjunto del Departamento de Ingeniería Mecánica de la Universidad de Stanford (d.School), fundador de Quotient Design Research*

"La naturaleza aplicada del libro, que incluye técnicas y herramientas de eficacia probada, lo hará imprescindible para todos los líderes que no sólo quieran pensar en la innovación, ¡sino que quieran ponerla en práctica!"

— DAVID SUTHERLAND, PhD,

*Profesor titular de la Universidad de Georgia*

"Este libro tan práctico será de utilidad inmediata para cualquiera que tenga la suerte de asumir un mandato de innovación corporativa. El libro de McCathren rebosa de herramientas y técnicas fáciles de aplicar que aportarán claridad y enfoque a los esfuerzos de innovación. Este libro servirá de inspiración para cualquier persona que desempeñe un papel de innovación en la empresa o que se haya preguntado cuál es la puntuación de su empresa en las preguntas: "¿Estamos haciendo las cosas correctas?" y "¿Estamos haciendo las cosas bien?".

— BRIAN HINDO,

*Socio, Innosight*

"Las 6 P de la Innovación Esencial" es un modelo completo para los líderes empresariales actuales y futuros que quieran romper con el pensamiento tradicional para crear una organización innovadora. Tanto el "cómo" como el "por qué" se describen con detalles accionables que facilitan a cualquier lector la adopción de las ideas presentadas. Después de haber practicado la innovación durante la mayor parte de mi carrera, puedo recomendar encarecidamente que se sigan los consejos de McCathren".

— AMIE GRAY,
*CEO, N3 Innovation*

"Michael ofrece principios prácticos, basados en la experiencia, para construir una cultura de innovación bien organizada que involucre a las personas adecuadas en los roles apropiados y que, en última instancia, dé como resultado una organización más resistente."

— ALEX GONZÁLEZ
*Director de Innovación de la Cámara Metropolitana de Atlanta y autor de Disruptor: Cómo desafiar el statu quo y desbloquear la innovación*

"Habiendo leído numerosos libros de teoría de la innovación, estudiado la innovación en numerosas coyunturas y desarrollado sistemas de innovación para muchas organizaciones, puedo afirmar claramente que esta obra es simplemente la mejor que he visto. Michael tiene una visión exhaustiva y cubre casi todas las facetas de lo que cualquier líder de la innovación necesita considerar y dominar".

— DON ABRAHAM,
*Socio principal, Kantar*

# 6P$_S$

## PRINCIPIOS DE LA
# INNOVACIÓN
## ESENCIAL

CREA LA CULTURA Y LAS CAPACIDADES DE UNA
ORGANIZACIÓN DE INNOVACIÓN RESILIENTE

## MICHAEL MCCATHREN

First printing 2022

*Book design by Najdan Mancic*

ISBN 979-8-9860955-3-0 Paperback
ISBN 979-8-9860955-4-7 Ebook

Published by Ripples Media
www.ripples.media

# DEDICACIÓN

Este libro es la convergencia de tres historias de amor. La primera es mi amor por crear e innovar. Siempre hay una forma mejor de pensar, hacer y ser. La segunda es la historia de amor que mi esposa Dena y yo hemos vivido desde que nos conocimos cuando teníamos tres años. Ella me ha amado implacablemente incluso cuando debería haber pensado, hecho y sido mejor para ella, para nuestros hijos y para nuestra familia. La tercera es la historia de amor que mi Creador ha estado contando desde el principio de los tiempos. Él es El Camino de cómo pensar, hacer y ser. Él anhela que yo pase la eternidad con Él y ha proporcionado un camino a través de Cristo, que lo hace posible. "'¡Mirad qué amor tan inmenso el del Padre, que nos proclama y nos hace ser hijos suyos! Si el mundo nos ignora, es porque no conoce a Dios.!" (1 Juan 3: 1)

A veces nos encontramos con algo tan profundamente significativo que cambia nuestro rumbo. El pequeño libro negro de la innovación de Scott D. Anthony: How It Works, How to Do It , marcó un punto en mi vida en el que mi trayectoria profesional se vio alterada para siempre y encendió en mí una pasión insaciable por la innovación. Si mis palabras pueden impactar a alguien, a una sola persona, tan profundamente como la obra de Anthony me ha impactado a mí, seguramente habré logrado mi propósito como profesional y como profesor.

Este libro no se habría publicado si no fuera por la inspiración y el estímulo de Woody F. Faulk. La experiencia de su liderazgo en Chick—fil—A ha influido positivamente en mi vida mucho más allá de mi papel en Innovation & New Ventures, y por ello le estoy profundamente agradecido.

# CONTENIDO

# INTRODUCCIÓN

*Ya no es posible "prepararse para el futuro". El futuro ocurre demasiado rápido. Sólo existe la preparación.*

**N**o sabemos qué nos depara el mañana para nuestras empresas y organizaciones. Formulamos planes para posibles escenarios que podrían guiar nuestras decisiones en caso de que este o aquel escenario se haga realidad. Sin embargo, no podemos planificar todos los escenarios. Yo sostengo que no podemos planificar ningún escenario porque, sencillamente, no sabemos lo que ocurrirá mañana, el año que viene o dentro de cinco años. Tener una colección de planes para posibles escenarios no es suficiente. La clave de la resiliencia organizativa es ser adaptable y flexible ante cualquier disrupción que pueda surgir en nuestro camino.

En 2021, Deloitte publicó su *Informe de Resiliencia Global 2021,* en el que se encuestó a 2.260 gerentes en veintiún países. Deloitte descubrió que las empresas con algunos atributos básicos están mejor posicionadas para superar las disrupciones y ayudar a marcar el comienzo de una "mejor normalidad."

Estar preparado fue el atributo que encabezó la lista.

➤ **Preparados**. "Los gerentes exitosos planifican todos los resultados, tanto a corto como a largo plazo. Más del 85% de los gerentes (en diversas áreas) cuyas organizaciones equilibraron con éxito el trato de las prioridades a corto y largo plazo consideraron que habían pivotado de forma muy eficaz para adaptarse a los acontecimientos de 2020; menos de la mitad de las organizaciones sin ese equilibrio opinaron lo mismo."

Los siguientes en la lista fueron Adaptable, Colaborativo y Confiable.

➤ **Adaptabilidad**. "Los líderes reconocen la importancia de contar con empleados versátiles, especialmente después de un año como 2020. Para ello, el ser flexible/adaptable fue, por mucho, el rasgo de la fuerza de trabajo que los gerentes dijeron que era más crítico para el futuro de sus organizaciones."

➤ **Colaboración**. "Los gerentes indicaron la importancia de la colaboración dentro de sus organizaciones, señalando que aceleraba la toma de decisiones, mitigaba el riesgo y conducía a una mayor innovación. Dos tercios de los encuestados que dijeron que sus empresas habían eliminado departamentos aislados en sus organizaciones antes de la pandemia informaron que gestionaron los eventos de 2020 mejor que las otras compañías."

➤ **Confiabilidad.** "Los gerentes entienden el reto de crear confianza con las partes interesadas clave, sin embargo, muchos no sentían que habían estado a la altura de la tarea. Más de un tercio de los encuestados no estaban seguros de que sus organizaciones hubieran mantenido la confianza entre los líderes y los empleados".[1]

Sin embargo, me di cuenta de que el término "preparado" no se definía claramente en términos de medidas prácticas que los líderes pudieran tomar para hacer que sus organizaciones fueran más resistentes. En mi opinión, estos atributos representan variables en una ecuación cuya suma es la preparación. Por lo tanto, **la preparación** se define en términos de la presencia y la fuerza de la adaptabilidad, la colaboración y la confiabilidad dentro de una organización.

### *Preparado = Adaptabilidad + Colaboración + Confiabilidad*

El secreto para convertirse en una organización preparada es ser una organización innovadora. Convertirse en una organización innovadora ayudará a garantizar su capacidad de recuperación. Este concepto es el enfoque principal de este libro presentado como un viaje a través de los 6 principios de la Innovación Esencial.

## CONTEXTO

El escenario de este libro se encuentra en la relación recíproca entre el cambio y la disrupción. Estamos en un ciclo constante de cambio y disrupción porque el cambio crea disrupción, y la disrupción crea cambio.

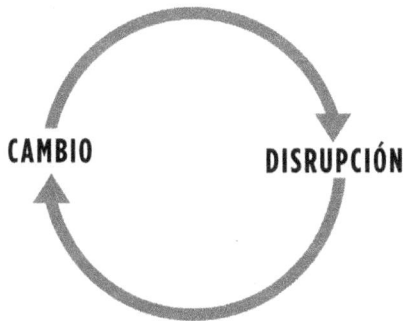

CAMBIO    DISRUPCIÓN

En distintos grados, el cambio o la disrupción está ocurriendo ahora mismo en su organización. ¿En qué medida su empresa está gestionando actualmente el cambio que está causando la disrupción o la disrupción que está causando el cambio? ¿Estará su organización preparada para lo que viene, dado que se desconoce la naturaleza, el tamaño y el alcance de lo que está a la vuelta de la esquina? El tiempo lo dirá. Pero una cosa es segura: estar preparado es la clave.

*Sea el cambio, o sea cambiado.*

Este libro es a la vez un plano y una guía de campo. Cada uno de los seis principios de la innovación esencial actúa como un bloque de construcción que se construye conjuntamente en el orden presentado en el texto. Dependiendo del grado de desarrollo de la cultura y las capacidades de innovación en su organización, este esfuerzo de construcción puede durar hasta tres años.

Los 6 Principios de la Innovación Esencial no es sólo un manual de instrucciones para activar las capacidades de innovación, sino también un mapa de la ruta con la intención de mejorar y, en algunos casos, remodelar la cultura organizacional. Cada vez que se producen cambios en la cultura, se requiere tiempo y un compromiso por parte del liderazgo a largo plazo. Acercarse a un libro como Los 6 Principios de la Innovación Esencial con la expectativa de que las semillas sembradas en sus páginas darán fruto en sólo unos meses es poco realista. Aunque habrá muchos resultados positivos a corto plazo, se recomienda una perspectiva de tres años para dar los pasos intermedios necesarios para que una transformación de esta naturaleza eche raíces y prospere por sí misma en el futuro.

## CÓMO UTILIZAR ESTE LIBRO

Este libro presenta los 6 principios de la innovación esencial en un orden específico. Los primeros tres se refieren a la **cultura**. Los principios del cuatro al seis se refieren a las **capacidades**. No hay necesidad de incorporar las capacidades de innovación en su organización si la cultura no está preparada para recibirlas. Por lo tanto, es fundamental que se aborden primero los principios de la cultura.

*Los 6 Principios de la Innovación Esencial* no es una colección de teorías que dejan al lector con la tarea de descubrir la forma de aplicarlas. Cada capítulo presenta conceptos específicos y ofrece sugerencias sobre cómo aplicarlos allí donde se encuentra. Cada capítulo aborda un "Principio" específico y concluye con un resumen y una sección llamada "Aplícalo".

Las preguntas de "Aplícalo" le dan la oportunidad de reflexionar y reaccionar ante los aprendizajes del capítulo y, a continuación, elaborar planes de acción que sean los siguientes pasos prácticos. Este libro puede utilizarse para el consumo individual o como herramienta para que equipos exploren juntos, haciendo que los conceptos sean aplicables a mayor escala.

## ¿POR QUÉ ESTE LIBRO?

Creo que las preguntas más importantes son:

**¿Estamos haciendo lo correcto?**
**¿Estamos haciéndolo correctamente?**

Son preguntas aparentemente sencillas y las más difíciles de responder para muchas organizaciones de cualquier nivel. Las respuestas a estas preguntas representan la diferencia entre las organizaciones que prosperan y las que se hunden. Las respuestas más correctas a estas preguntas han sido eludidas por los líderes más capaces, evadidas por las organizaciones más progresistas y han frustrado los planes de los mejores equipos de alto rendimiento. ¿Hasta qué punto está seguro de que ya tiene las mejores respuestas correctas a estas preguntas? ¿Hasta qué punto está seguro de que sus líderes saben responderlas bien?

*Los 6 Principios de la Innovación Esencial* proporciona caminos, estrategias y herramientas que conducen a respuestas bien formuladas a estas preguntas, no sólo una vez, sino de ahora en adelante, y pueden ayudarle a transformar su organización en una organización de innovación sana y resiliente.

# LOS 6 PRINCIPIOS DE LA INNOVACIÓN ESENCIAL

# 1

# PERCEPCIÓN

*"La cultura orienta el comportamiento discrecional, y retoma lo que deja el manual del empleado. La cultura nos dice cómo responder a una solicitud de servicio sin precedentes. Nos dice si debemos arriesgarnos a contar nuestras nuevas ideas a nuestros jefes, y si debemos sacar a la luz u ocultar los problemas. Los empleados toman cientos de decisiones por su cuenta cada día, y la cultura es nuestra guía. La cultura nos dice qué hacer cuando el director general no está en la sala, que es, por supuesto, la mayor parte del tiempo".*

—FRANCES X. FREI Y ANNE MORRISS

Stephen R. Covey, autor de *Los 7 Hábitos de la Gente Altamente Efectiva*, escribió: "para cambiarnos a nosotros mismos de manera efectiva, primero tenemos que cambiar nuestras percepciones". Como individuos, tenemos que ser capaces de salir de nuestros contextos desde los que operamos habitualmente y adquirir un punto de vista menos sesgado sobre quiénes somos y por qué hacemos lo que hacemos. Lo mismo ocurre con las organizaciones, pero de forma más drástica. La percepción colectiva de los miembros de una organización alimenta sus creencias comunes, que impulsan los comportamientos individuales, lo que en última instancia define la cultura de la propia organización.

### ¿Es su organización innovadora?
### ¿Tiene su organización una cultura de la innovación?

La creación de una cultura innovadora eficaz y sostenible comienza con el cambio de la percepción de la innovación en todos los niveles de la organización: cómo se define, cómo funciona y qué hace. Por este motivo, es fundamental comprender cómo perciben la innovación usted, sus directivos y el personal de su organización. Debe establecerse una definición como referencia de lo que significa actualmente la innovación en su organización antes de que pueda empezar a construir una cultura de innovación más allá de ella.

En este capítulo se ofrecen herramientas que le ayudarán a elaborar un plan para crear una cultura de innovación. La creación de una cultura de innovación es un viaje largo que puede durar varios años, y este material sólo será tan útil como la confianza que se deposite en el proceso. Hay que evitar a toda costa la tendencia a precipitarse en esta fase de descubrimiento y a asignar sus propios prejuicios y suposiciones. Hay que formar una cultura de innovación antes de introducir la capacidad de innovar.

Mark Fields, antiguo director general de Ford Motor Company, dijo: "Puedes tener el mejor plan del mundo, pero si, la cultura no permite que se lleve a cabo, morirá en la vid".

# EVALUACIÓN DE LA PERCEPCIÓN DE LA INNOVACIÓN

En 2020, *Innovation Leader* (ahora *InnoLead*) encuestó a 270 líderes corporativos y planteó la siguiente pregunta ¿Qué tácticas consideran los innovadores corporativos que crean y apoyan una cultura de innovación?

Esto es lo que descubrieron:

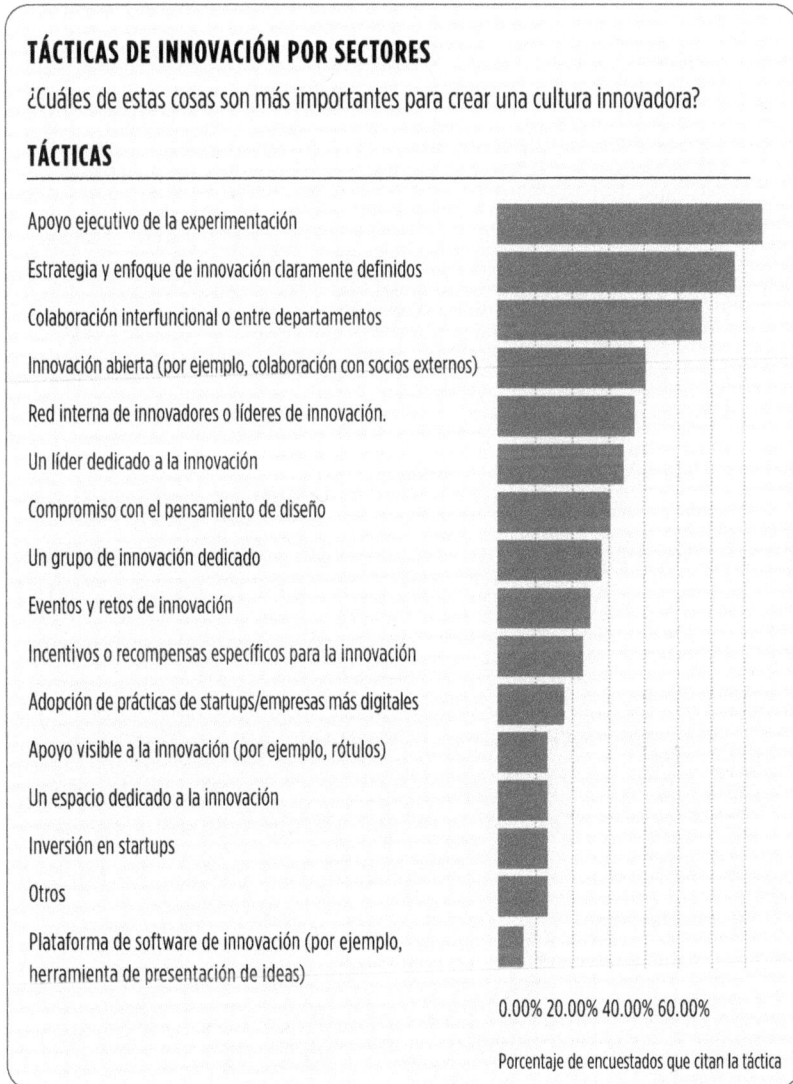

## TÁCTICAS DE INNOVACIÓN POR SECTORES

¿Cuáles de estas cosas son más importantes para crear una cultura innovadora?

### TÁCTICAS

Apoyo ejecutivo de la experimentación

Estrategia y enfoque de innovación claramente definidos

Colaboración interfuncional o entre departamentos

Innovación abierta (por ejemplo, colaboración con socios externos)

Red interna de innovadores o líderes de innovación.

Un líder dedicado a la innovación

Compromiso con el pensamiento de diseño

Un grupo de innovación dedicado

Eventos y retos de innovación

Incentivos o recompensas específicos para la innovación

Adopción de prácticas de startups/empresas más digitales

Apoyo visible a la innovación (por ejemplo, rótulos)

Un espacio dedicado a la innovación

Inversión en startups

Otros

Plataforma de software de innovación (por ejemplo, herramienta de presentación de ideas)

0.00% 20.00% 40.00% 60.00%

Porcentaje de encuestados que citan la táctica

¿No sería interesante ver cómo se comporta su organización en todas estas dimensiones? Entender hasta qué punto su personal percibe que su organización está logrando cada una de estas tácticas es el primer paso esencial en su viaje para convertirse en una organización innovadora.

Para ayudarle a adquirir este conocimiento, comience con la evaluación gratuita de la percepción de la innovación, disponible en www.essential—innovation.com. Puede enviar el enlace a tantas personas como desee. Es fundamental que se tome una muestra representativa de todos los niveles de la organización, desde los más altos hasta los más bajos. Si su organización emplea a más de 100 personas, una buena regla general es recoger un total de 30 evaluaciones repartidas entre todos los niveles. Si hay más de 100 personas dentro de los departamentos, recoja 30 evaluaciones de cada departamento. Se generará un informe básico que proporcionará una buena idea de la percepción de la innovación por parte de su personal.

**Antes de empezar:** Tómese un momento y asuma la mente de un principiante, un investigador ingenuo. Mate a su experto interior. Este es un tema que se repite a lo largo del libro. Cuando creemos que lo sabemos todo, hemos dejado de aprender. Está a punto de tener la envidiable oportunidad de aprender cómo su personal percibe la innovación. No asigne un significado a los datos. Deje que hablen por sí mismos. Para lograr este nivel de apertura, olvide todo lo que sabe sobre todo lo que sabe, y desvelará la verdad más rápidamente.

El objetivo de esta evaluación es establecer una línea de base sobre la situación actual de su organización en términos de innovación, tal y como la percibe su personal. La puntuación se compone de cuatro pilares:

1. **Pilar de liderazgo principal:** Examina cómo ve el personal los comportamientos de innovación de los líderes departamentales y superiores. El título del puesto será importante para poder dividir los datos entre los líderes principales y el resto del personal. Esto también le ayudará a entender cómo se ven los líderes entre sí.

2. **Pilar del personal:** Proporciona al personal la oportunidad de evaluar el grado en que creen que están capacitados y equipados para innovar.

3. **Pilar de la cultura:** Evalúa el grado en que las creencias y comportamientos de una cultura de innovación saludable están presentes en la organización.

4. **Pilar de la sostenibilidad:** Examina el papel que desempeña la innovación en la exploración y planificación de futuras oportunidades de crecimiento.

Cada pilar representa áreas de su organización que son críticas para crear y mantener una organización innovadora. Las preguntas de cada pilar están diseñadas para revelar lo que actualmente impulsa o inhibe el progreso de su organización en su viaje de desarrollo de la innovación. El análisis consiste en una puntuación exhaustiva que describe a su organización como débil, moderada o fuerte en su cultura y capacidades de innovación en todos los departamentos y puestos. El informe ayuda a identificar lagunas como la incapacidad de los líderes de liderar con una mentalidad innovadora, la falta de herramientas que equipen al personal para aplicar la innovación de forma efectiva, la previsión versus miopía, el apetito por aprender a través de la experimentación, y mucho más.

## CATEGORÍA DE PUNTUACIÓN

### Débil

Las capacidades de innovación están poco desarrolladas en uno o más pilares, lo que impide el pleno desarrollo de una práctica de innovación. La oportunidad es desarrollar un plan estratégico que establezca principios y prácticas básicas de innovación en todos los pilares.

### Moderado

Las puntuaciones medias o bajas están presentes en al menos un pilar, lo que indica que existen vacíos en estas áreas. Aunque hay puntuaciones medias o altas en algunas áreas, estas puntuaciones bajas suponen un lastre para el progreso de la organización hacia una organización innovadora plenamente desarrollada. La oportunidad consiste en identificar claramente los vacíos y desarrollar un plan estratégico para cerrarlos al tiempo que se mantiene el impulso actual en los motores clave de las puntuaciones más altas.

### Fuerte

No hay puntuaciones bajas en ningún pilar. La oportunidad es optimizar el compromiso y mejorar continuamente la capacidad de la organización para liderar con una mentalidad innovadora y aplicar los principios de innovación en sus operaciones diarias.

Para ilustrar lo sencilla que puede ser la Evaluación de la percepción de la innovación, una evaluación realizada con una gran empresa manufacturera, a la que llamaremos Lahebner, arrojó los siguientes resultados.

## EL PILAR DEL PERSONAL

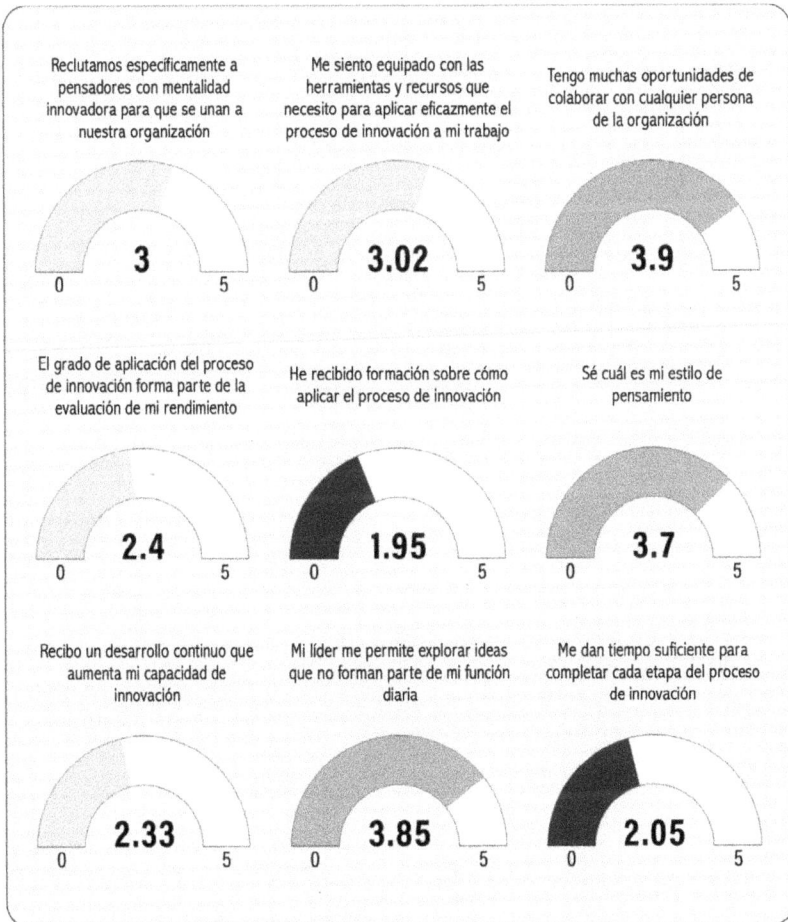

Reclutamos específicamente a pensadores con mentalidad innovadora para que se unan a nuestra organización

**3**

0 — 5

Me siento equipado con las herramientas y recursos que necesito para aplicar eficazmente el proceso de innovación a mi trabajo

**3.02**

0 — 5

Tengo muchas oportunidades de colaborar con cualquier persona de la organización

**3.9**

0 — 5

El grado de aplicación del proceso de innovación forma parte de la evaluación de mi rendimiento

**2.4**

0 — 5

He recibido formación sobre cómo aplicar el proceso de innovación

**1.95**

0 — 5

Sé cuál es mi estilo de pensamiento

**3.7**

0 — 5

Recibo un desarrollo continuo que aumenta mi capacidad de innovación

**2.33**

0 — 5

Mi líder me permite explorar ideas que no forman parte de mi función diaria

**3.85**

0 — 5

Me dan tiempo suficiente para completar cada etapa del proceso de innovación

**2.05**

0 — 5

En cuanto al pilar del personal, observará las puntuaciones grises y negras. Representan vacíos o áreas de mejora. Los ejecutivos descubrieron que había dos deficiencias en Lahebner:

➤ Conocimiento del proceso de innovación
➤ Comprensión de cómo aplicarlo al trabajo diario

En primer lugar, abordaremos este último aspecto. Aunque la colaboración, la explotación y los estilos de pensamiento obtuvieron una buena puntuación, el personal creía que no había recibido formación sobre cómo aplicar el proceso de innovación. También creían que no tenían suficiente tiempo para completar cada etapa del proceso de innovación.

Las puntuaciones sugieren que los líderes de *Lahebner* deberían centrarse en estas dos áreas de deficiencia si esperan convertirse en una organización de innovación resistente. No basta con que el personal conozca el proceso de innovación. Si no se sabe cómo aplicar el proceso de innovación y no se deja tiempo suficiente para aplicarlo bien, la innovación no se convertirá en una capacidad en *Lahebner*. Hay una diferencia significativa entre la educación (conocer el proceso de innovación) y la aplicación (convertir las ideas en valor).

En este caso, *Lahebner* puso en marcha un programa de entrenadores de innovación. Voluntarios de varios departamentos aceptaron recibir formación sobre cómo entrenar a otros para que también estuvieran equipados para aplicar el proceso de innovación. Lo que descubrieron fue que, a medida que el personal se volvía más hábil en la aplicación del proceso de innovación, se hacía más evidente que hacerlo bien requiere tiempo. Una vez que los líderes se dieron cuenta de esta necesidad de inversión de tiempo, dejaron más tiempo en los planes de los proyectos para llevar a cabo cada paso de su proceso de innovación con mayor profundidad. Esta necesidad de tiempo era especialmente válida para el proceso iterativo de creación de prototipos (más información al respecto en el capítulo "Proceso"). Puede parecer contradictorio, pero tomarse el tiempo necesario en la primera parte del proceso de innovación permite que el proyecto avance más rápido en la segunda mitad.

El resultado para *Lahebner* fue que un mayor número de equipos de proyecto fueron capaces de desarrollar mejores soluciones más rápidamente y lanzarlas con menos problemas.

## EL PILAR DE LA CULTURA

Como ya se ha dicho, la encuesta reveló que la otra deficiencia en *Lahebner* era que el personal no era capaz de describir el proceso de innovación de la organización, como se ve en el medidor en negro que aparece a continuación. La puntuación sugiere que la innovación no es un tema del que el personal escuche hablar a los líderes con frecuencia. La importancia de la innovación en el trabajo cotidiano probablemente no es modelada por los líderes gerenciales, por lo que el personal no se responsabiliza de hacer que el pensamiento innovador forme parte de su rutina.

El cambio y la disrupción pueden golpear con especial dureza a culturas como ésta. Cuando fuerzas imprevistas obligan a la organización a pensar de una nueva manera, los líderes y el personal se ven sorprendidos y no están preparados para optimizar la oportunidad. Entonces tienen que aprender a innovar de forma abrupta en un entorno reaccionario que no suele dar resultados significativos. Si, por el contrario, el personal ya ha recibido formación y aborda habitualmente su trabajo con una mentalidad innovadora dentro de una cultura que fomenta la innovación, es menos probable que el cambio y la disrupción tengan un efecto impactante. El personal de una organización innovadora puede pivotar con mayor eficacia para explorar rápidamente ideas nuevas y de alta calidad.

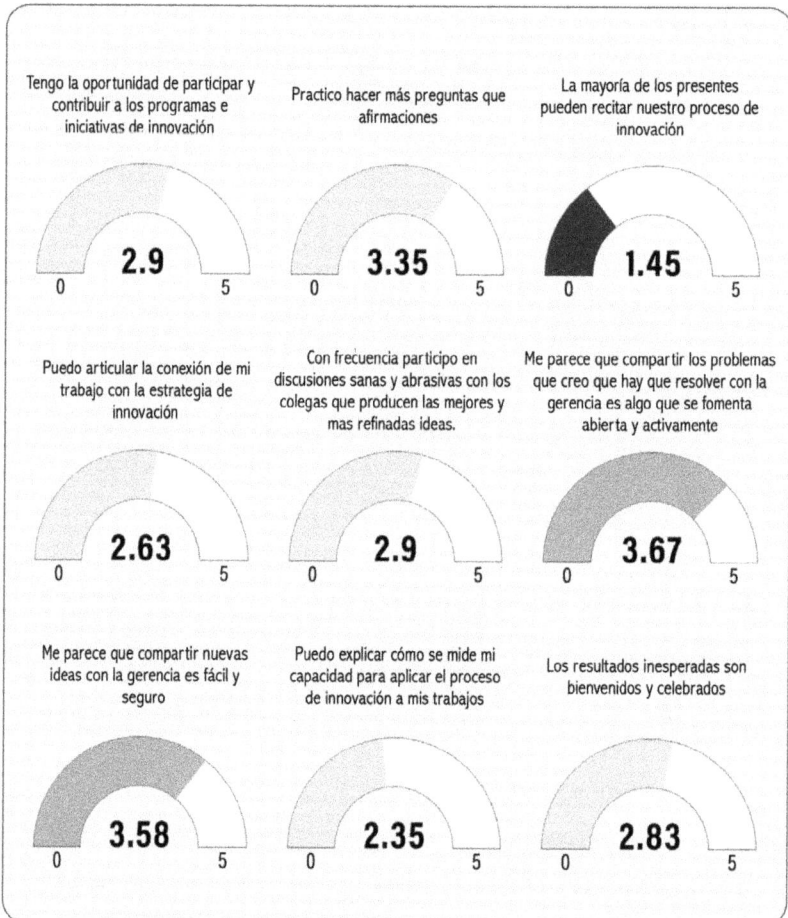

Tengo la oportunidad de participar y contribuir a los programas e iniciativas de innovación

**2.9**
0        5

Practico hacer más preguntas que afirmaciones

**3.35**
0        5

La mayoría de los presentes pueden recitar nuestro proceso de innovación

**1.45**
0        5

Puedo articular la conexión de mi trabajo con la estrategia de innovación

**2.63**
0        5

Con frecuencia participo en discusiones sanas y abrasivas con los colegas que producen las mejores y mas refinadas ideas.

**2.9**
0        5

Me parece que compartir los problemas que creo que hay que resolver con la gerencia es algo que se fomenta abierta y activamente

**3.67**
0        5

Me parece que compartir nuevas ideas con la gerencia es fácil y seguro

**3.58**
0        5

Puedo explicar cómo se mide mi capacidad para aplicar el proceso de innovación a mis trabajos

**2.35**
0        5

Los resultados inesperadas son bienvenidos y celebrados

**2.83**
0        5

Obsérvese también la importante presencia de puntuaciones grises. En general, *Lahebner* presentaba deficiencias culturales específicas que deben abordarse antes de realizar cualquier esfuerzo que busque fortalecer las capacidades de innovación.

El primer paso para rectificar las deficiencias es comprender todas las posibles causas de estos resultados. Por ejemplo, ¿por qué no se ha formado al personal en el proceso de innovación? ¿Por qué no son capaces de recitarlo?

La Evaluación de la Percepción de la Innovación señala los puntos fuertes y débiles, pero comprender la causa raíz de los mismos es el verdadero valor de este esfuerzo. Al aislar dos resultados clave (como se muestra en el diagrama siguiente), se pueden desarrollar planes específicos para abordar estas deficiencias y pueden ayudar a dirigir la atención hacia áreas específicas de investigación de la causa raíz.

He sido entrenado en cómo aplicar el proceso de innovación.

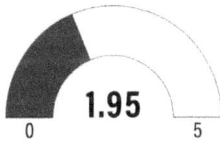

La mayor parte de las personas pueden recitar nuestro proceso de innovación.

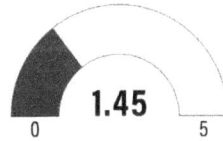

**1.95**

0      5

**+**

**1.45**

0      5

**PILAR DEL STAFF**

**PILAR DE LA CULTURA**

En este caso, una investigación más profunda descubrió que en *Lahebner* no existía ningún proceso formal de innovación. Los distintos departamentos elaboraban versiones de un proceso, pero no había un proceso o lenguaje común en toda la empresa. Este es el tipo de conocimiento que puede ayudar a las organizaciones a trazar su camino para convertirse en una organización innovadora de la manera más eficiente y eficaz posible. Si se parte de una situación de "debilidad", o de no tener ninguna capacidad de innovación formalizada, estos vacíos serán puntos importantes a los que se deberá prestar mucha más atención antes de lanzar la innovación dentro de su organización.

En algunos casos, los resultados de la evaluación pueden empujar a los líderes a considerar los supuestos básicos bajo los que su organización ha operado durante años. Esta propuesta puede ser un reto para las organizaciones por tres razones. En primer lugar, con la edad llega la rigidez. Cuanto más antigua es una organización, menos probable es que acepte la idea de hacer evolucionar su cultura. Esta resistencia puede deberse a las jerarquías profundamente arraigadas y a los complejos sistemas de relaciones. En segundo lugar, el éxito puede generar complacencia. Cuando los tiempos son buenos, las organizaciones son reacias a introducir cambios autoimpuestos. Por otro lado, cuando los tiempos son difíciles, la tendencia es eliminar cualquier iniciativa que no sea esencial para mantener el modelo de negocio actual, incluso cuando un nuevo modelo de negocio puede sacar muy bien a la empresa del valle de las dificultades y llevarla a la prosperidad. En tercer lugar, la mentalidad heredada es difícil de cambiar.

Cuando los líderes llevan mucho tiempo en su puesto, se inclinan por el sistema de liderazgo y toma de decisiones del que siempre han dependido. Una evaluación que sugiera que es necesario un cambio de cultura para convertirse en una organización innovadora desafía los sistemas de toma de decisiones existentes. Esto suele introducir la idea de que son necesarios cambios culturales que pueden amenazar las posiciones de los líderes que llevan tiempo en el puesto.

## ENFRENTAR LA REALIDAD

Dado que el aprendizaje activo y el entendimiento de cosas nuevas son los elementos básicos de cualquier organización innovadora, todo líder debe estar abierto a los comentarios de esta encuesta. La Evaluación de la Percepción de la Innovación refleja lo bien que su personal cree que lo está haciendo en lo que respecta a la innovación, y las puntuaciones pueden doler un poco. Si no está dispuesto a aceptar las críticas con un espíritu de mejora continua y no es capaz de hacerlo, lo más probable es que su cultura tampoco esté dispuesta a aceptar la adaptabilidad, la colaboración y la confianza que conlleva ser una organización innovadora. Dicho de otro modo, si la cultura no está preparada para aceptar la innovación, podría ser porque los miembros de su cultura no creen que los líderes estén realmente preparados para aceptar la innovación.

Los seguidores reciben señales de comportamiento de sus líderes, especialmente en lo que respecta a la innovación. Si quiere que su organización sea innovadora, depende de usted modelar comportamientos de innovación como la curiosidad, el pensamiento contra—intuitivo, la búsqueda de ideas inusuales y la invitación a sugerir nuevos rumbos (por nombrar sólo algunos), incluso si eso significa que sus propios puntos ciegos y deficiencias potenciales quedaran al descubierto.

También hay que estar dispuesto a proteger los propios conceptos de innovación y defenderlos frente a las prioridades que compiten con las iniciativas empresariales básicas. En palabras de Vijay Govindarajan y Chris Trimble, autores de *The Other Side of Innovation* (La otra cara de la innovación),[2] "Las organizaciones no están diseñadas para la innovación. Al contrario, están diseñadas para las operaciones en curso".

Diseñar su organización para la innovación podría requerir que parte de su función como líder se convierta en garantizar un equilibrio entre administrar el trabajo actual que forma parte del núcleo de la organización y forjar un futuro a través de la innovación.

**El mundo que nos rodea cambia tan rápidamente que quedarse quieto es retroceder.**

Las circunstancias impredecibles golpean a muchas organizaciones fuertemente al imponer cambios repentinos.

En lo que respecta al cambio, existen dos tipos de organizaciones. Por un lado, las organizaciones no innovadoras que sólo son capaces de formular algún tipo de reacción a los cambios y esperar que el ritmo del cambio externo no supere su capacidad para cambiar internamente. El cambio en este tipo de organizaciones, aunque sea a pequeña escala, se convierte en una disrupción, que a su vez se convierte en una distracción para el liderazgo. Lo que sigue son ineficiencias a la hora de dirigir a las personas que luego crean una mala experiencia para los empleados, lo que lleva a una ejecución ineficiente, lo que lleva a una mala experiencia para los clientes, todo lo cual hace que la organización tenga que reequiparse y reconstruirse de forma dolorosa y reactiva o marchitarse y morir del todo.

Por otro lado, hay organizaciones que tienen una cultura de innovación saludable y acogen con agrado el cambio, pueden prosperar a través de la ruptura con agilidad y flexibilidad, y buscan oportunidades para impulsar fuerzas positivas de cambio en el mundo de maneras sorprendentes. La Evaluación de la Percepción de la Innovación ayuda a los líderes a darse cuenta de qué tipo de organización están dirigiendo.

## ¿CUÁNDO ES EL MOMENTO ADECUADO PARA EMPEZAR?

Aunque los resultados de la Evaluación de la percepción de la innovación pueden convencerle de que su organización debe convertirse en una organización de innovación en desarrollo, la pregunta es: ¿está preparado? En algún momento, el crecimiento de su organización alcanzará un punto de inflexión en el que la tasa de crecimiento comenzará a disminuir a un ritmo cada vez mayor. Con el tiempo, si no se atiende, el crecimiento acabará por aplanarse y luego vendrá el declive. Su objetivo como líder debe ser desplazar el punto de inflexión lo más lejos posible en el futuro. La forma de desplazar el punto de inflexión es innovando constantemente. Esto podría parecer una tarea siniestra, a menos que la suya sea una organización innovadora. Si es así, innovar constantemente no es sólo un modo de trabajo cotidiano, es lo que usted es como organización.

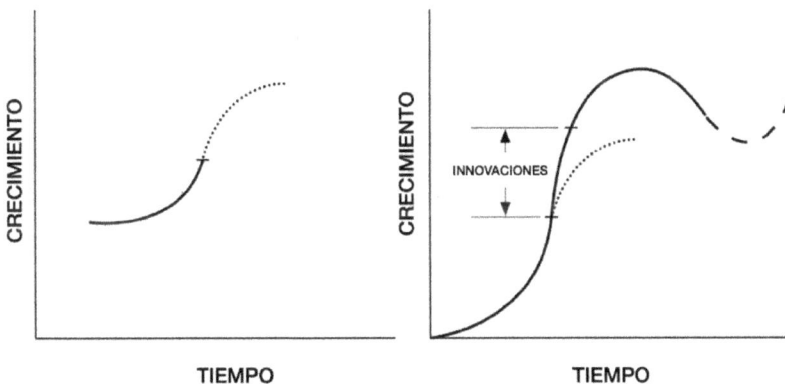

Muchas organizaciones se encuentran en el primer tramo de la curva, antes del punto de inflexión. En este tramo de la curva, la mayor parte de los recursos pueden utilizarse en atender las demandas actuales de la empresa y los retos que conlleva la gestión de las actividades cotidianas. Si este es su caso, puede que no sea el momento adecuado para sumergirse en la parte más profunda de la piscina de la transformación organizativa. Una transformación de esta naturaleza requiere un amplio apoyo de los directivos de la organización. Si no hay espacio en la agenda de quienes están en los principales puestos de liderazgo para convertirse en una organización innovadora, entonces puede que le resulte más eficaz plantar las semillas de la innovación esencial, manteniendo conversaciones continuas e intencionadas con las principales partes interesadas hasta que su organización llegue a un punto en el que pueda prestar parte de su atención a sus iniciativas de transformación.

Los cambios de esta naturaleza tomarán tiempo y no hay mejor momento como el presente. También necesitará un defensor de la causa. Tal vez no haya nadie mejor que usted para impulsar la innovación allí donde se encuentra.

➤ Realmente no existe una empresa innovadora como tal. La salud de la cultura de la innovación dentro de cada sub—departamento determina colectivamente el grado de innovación de una empresa. Es fundamental hacerlo bien a nivel de sub—departamentos.

➤ El cambio es permanente. Su velocidad aumenta y lo que está en juego es más importante que nunca. ¿Lidera con confianza y metodológicamente los cambios o los sufre? Sus comportamientos y su lenguaje, ¿demuestran sistemáticamente su compromiso de aceptar el cambio y verlo como una fuente de combustible en lugar de una fuente de temor?

➤ En lo que respecta a la innovación, ¿su organización es débil, moderada o fuerte? Convertirse en una organización innovadora requiere un análisis honesto del grado de innovación que su personal percibe en su organización. Si le preguntara hoy a su personal, ¿definirían la innovación de forma coherente y estarían de acuerdo unánimemente en que su organización es una organización innovadora?

➤ Evolucionar hacia algo nuevo significa evolucionar alejándose de algo viejo. ¿Existen supuestos específicos sobre el funcionamiento actual de su organización que deban dejarse atrás para abrir nuevas oportunidades de crecimiento?

# APLÍCALO

¿Cómo ha contribuido a crear una organización innovadora? ¿Cuál cree que es la mejor oportunidad de servir a su organización para mejorar sus resultados?

¿Qué le ha sorprendido (positiva y negativamente) de las puntuaciones? ¿Cuáles son las causas de las puntuaciones más bajas?

¿Qué conversaciones tendrá sobre estos resultados y con quién? ¿Qué resultados a corto y largo plazo espera conseguir con estas conversaciones? ¿Quién le ayudará a conseguir estos resultados?

**Realice hoy mismo la evaluación gratuita en: www.essential—innovation.com**

**2**

# PERSONAS

*"El 65% de los fracasos se deben a problemas de las personas".*

—Noam Wasserrman,
*El dilema del fundador*

*Los líderes suelen considerar que la innovación es cosa de otros.*
*¡Es trabajo de todos!*

Durante años se ha debatido si la innovación sostenible con valor añadido es el resultado de un proceso de innovación impecable o de personas con talento y altamente creativas.

La conclusión más común es que se necesitan ambas cosas, en distintos grados, dependiendo del modelo de negocio o de funcionamiento. Tomemos el ejemplo de Intel. La empresa tiende a centrarse más en los procesos debido a la naturaleza técnica precisa de su negocio. Por otro lado, Pixar da algo más de importancia a los pensadores altamente creativos. ¿Y en su organización?

¿La balanza debería inclinarse más hacia los procesos o hacia las personas?

Consideremos un modelo de funcionamiento organizativo típico. Una organización suele tener una visión, una misión y una declaración de valores redactadas por unos cuantos altos cargos que rinden cuentas a un consejo o comité. La empresa típica está organizada en departamentos, cada uno dirigido por un líder/director. Cada líder crea una visión para su departamento que, con suerte, asciende hasta los objetivos estratégicos de la empresa dentro de su marco empresarial. La visión de cada líder se traduce en iniciativas gestionadas y ejecutadas por su personal. La combinación de todos estos factores conforma el modelo operativo de los departamentos y, en última instancia, de toda la empresa. ¿Parece que se inclina hacia el proceso o hacia las personas? Salvo la creación y el establecimiento de la visión, todo lo demás se convierte básicamente en gestión de procesos. En muchos departamentos, hay una persona con la visión y todos la ejecutan.

En el mercado, este modelo de gestión se denominaría "mando y control" y, en algunos casos, los resultados de mercado de estas organizaciones van a la zaga de los de las organizaciones innovadoras. Al más alto nivel, evolucionar hacia una organización innovadora implica dar la vuelta al modelo de gestión tradicional y crear una cultura que libere el poder de su gente para resolver problemas de forma creativa y más autónoma.

Este cambio comienza con usted y otros líderes. Es de esperar que este libro le haya resultado inspirador hasta ahora, pero éste es el punto de nuestro viaje en el que algunos líderes deciden que prefieren no entrar en un espacio de franca autoevaluación y cruda reflexión. Este capítulo requiere una introspección honesta y aborda las realidades de liderar con mentalidad innovadora y crear una organización innovadora.

Recuerdo a una líder, a la que llamaremos "Jordan". Fue contratada por una gran organización para dirigir su departamento de relaciones públicas. Ella era brillante y tenía un historial impresionante. Estaba en la cima de su carrera cuando se incorporó a la empresa. A los pocos meses, me di cuenta de que tenía dificultades. Su jefe intentaba gestionar él mismo una carga de trabajo rápida y frenética, y no le proporcionaba mucha orientación. Su única indicación era: "¡Sé innovadora!". Ella se dedicó a formular estrategias y a tomar decisiones. Su equipo se sentía frustrado por su ausencia y su falta de accesibilidad. Veamos cómo el estilo de liderazgo de Jordan ahogó la innovación de su equipo y limitó el impacto que ella y su equipo tenían en la empresa.

Los autores de *The Innovator's DNA*[3] (El ADN de los innovadores) afirman que "aproximadamente dos tercios de nuestras habilidades de innovación aún se adquieren a través del aprendizaje: primero comprendemos la habilidad, luego la practicamos y, por último, adquirimos confianza en nuestra capacidad de crear". Las habilidades que describen como componentes básicos del pensamiento innovador no son las que proporcionan la mayoría de las instituciones educativas. Piense en su propia experiencia universitaria. ¿Había una licenciatura en resolución creativa de problemas o una facultad de innovación? Muchas instituciones enseñan liderazgo desde una orientación de procesos. Sin embargo, para ser una organización innovadora resistente, los líderes deben liderar con una mentalidad innovadora.

Los líderes del futuro deberán liderar con una mentalidad innovadora, no con una mentalidad de proceso. Esta perspectiva requiere un conjunto concreto de habilidades que cualquiera puede adquirir, pero exige intencionalidad, diligencia y práctica.

*En la cultura actual altamente acelerada, confiar única-
mente en métodos y prácticas de liderazgo de hace décadas
es como caminar hacia atrás en el futuro.*

## HABILIDADES DE INNOVACIÓN

### Cuestionamiento

Desde el momento en que hicimos nuestro primer examen académico, empezamos a aprender que tener la respuesta correcta otorga la recompensa. Nos educaron para buscar la respuesta correcta y no aprendimos a hacer buenas preguntas. Con el tiempo, nuestra curiosidad murió y las preguntas se convirtieron en pruebas de nuestra ignorancia, en lugar de nuestro sincero deseo de aprender y comprender más.

Volvamos a Jordan y centrémonos específicamente en su habilidad para hacer preguntas. El historial de Jordan era una serie de logros en solitario. Había dirigido a varios clientes de alto nivel en el pasado y las fotos de la pared de su despacho contaban la historia de una mujer poderosa y motivada. Jordan, como muchos líderes, creía que ella era la única generadora de ideas. Esa noción se ve reforzada por la mayoría de los entornos empresariales actuales. Se favorece al iniciador de las grandes ideas. Los líderes tienen las ideas; los empleados hacen lo que se les dice hasta que les llega el turno de tener sus propias grandes ideas.

Jordan llegó a su puesto con el deseo de sentar un precedente y establecer rápidamente su credibilidad como líder capaz. Pero no se limitó a sentar un precedente, y hacer declaraciones, sino que hizo muchos. De hecho, cuando hablaba, no hacía más que declaraciones. Cuando Jordan se reunía con su equipo, sus compañeros y su jefe, "decía" mucho. Asumía el papel de experta sin tener ni idea de las condiciones, normas, logros, planes y capacidades del equipo. Jordan creía que si hacía muchas preguntas podría parecer que no sabía qué hacer o cómo hacerlo. Sin embargo, las preguntas son el medio por el que se logran grandes cosas. Hacer grandes preguntas desde un auténtico espíritu de curiosidad es una habilidad fundamental para la innovación de la que Jordan carecía. No hay manera de establecer una cultura de la innovación sin hacer muchas preguntas.

*Los futuros líderes buscarán más las preguntas adecuadas que las respuestas correctas.*

## Observación

Nos han enseñado a leer atentamente las instrucciones y a seguir las normas. Traducción: observar lo que padres, profesores, entrenadores, instructores y jefes nos dicen que hagamos y tratar estas observaciones dirigidas con gran importancia. Cuando nos dicen que miremos algo de una determinada manera, tendemos a mirarlo sólo desde esa perspectiva. Estamos entrenados para ver el mundo que nos rodea desde un único punto de vista. Una breve mirada al pasado revela que quienes cambiaron la historia fueron personas que veían el mundo desde muchas perspectivas diferentes. Se dice que Leonardo da Vinci esbozaba un tema desde distintos ángulos antes de intentar una versión final para poder captar adecuadamente la esencia de la forma desde varias perspectivas diferentes. Sus compañeros se reían de él. Al considerar un tema, todos veían lo mismo desde la misma perspectiva, pero Da Vinci veía algo diferente. Se hizo famoso. ¿Cuántos de sus compañeros puedes nombrar? [4]

En una ocasión, Jordan participó en una reunión de gestión de crisis con otros líderes de marketing. Estas reuniones eran eventos frecuentes en los que cada líder opinaba sobre la situación y recomendaba un curso de acción para sus respectivas áreas. Valoraron la perspectiva de Jordan por su amplia experiencia en la gestión de crisis publicitarias. Pero, no tardaron en darse cuenta de que su enfoque era siempre el mismo. La lente a través de la cual veía cada situación parecía ser el monóculo habitual que traía consigo a este papel. Jordan no sabía cómo reunir todas las aportaciones de una variedad de perspectivas, examinar los puntos de vista, determinar todas las opciones y conseguir otros puntos de vista para ayudar a dar forma a su recomendación final. Estaba atrapada en la singularidad.

Observar, en este contexto, es el acto de contemplar un problema o una oportunidad desde tantas perspectivas como sea posible, como da Vinci, para captar la mayor parte posible de la esencia de un tema y poder comprenderlo en su totalidad. A continuación veremos cómo el enfoque independiente de Jordan y la toma de decisiones en silos hacen casi imposible crear una cultura de la innovación.

*La multiplicidad de perspectivas proporcionará a los futuros líderes una comprensión más profunda, que conduce a la sabiduría.*

## Networking (red de contactos)

De forma natural, gravitamos hacia personas con las que compartimos algo en común. No se nos ha enseñado a salir de nuestras redes homogéneas y a pensar de otra manera sobre quién podría o debería formar parte de ellas. Puede que se hable de ello en los institutos de enseñanza superior, pero no se explica claramente cómo hacerlo. Steve Jobs, Ed Catmull y Alan Kay eran innovadores e inventores, pero también eran todos tipos blancos amantes de la tecnología, la producción y el diseño. Difícilmente una red de diversidad. No obstante, estos son nuestros ejemplos. El empresario y conferenciante motivacional Jim Rohn escribió: "Eres la media de las cinco personas con las que pasamos más tiempo". Hablaremos de la importancia de la diversidad de perspectivas más adelante en este capítulo.

En la situación de Jordan, la falta esa habilidad de innovación más fundamental —cuestionamiento— y sus observaciones inexpertas se vieron agravadas por su red de contactos personal, que no era ni profunda, ni amplia, ni diversa. No es infrecuente que los líderes estén tan inmersos en su trabajo crean que no pueden permitirse dedicar tiempo a establecer, construir y alimentar redes de contactos con personas distintas a ellos que mejoren y desafíen su pensamiento.

Si Jordan tuviera una red así, probablemente comprendería el valor de las preguntas y se daría cuenta de que una visión única no es una forma eficaz de enfocar los problemas y las ideas. Sin ella, queda abandonada a su suerte y a sus experiencias aisladas para construir sus propias ideas. Tras unos meses en su nuevo puesto, Jordan nos contó que se sentía como en una cinta de correr a máxima velocidad y con la máxima inclinación. Al cumplir un año, estaba agotada y no había avanzado nada. No había hecho nada para crear una cultura de innovación. De hecho, su comportamiento sugería que no entendía el valor que podía generar una cultura de innovación ni cómo se establecía. Su equipo y sus compañeros empezaban a preguntarse si Jordan había sido una elección equivocada para este puesto.

*Los futuros líderes poseerán la capacidad de activar un pensamiento innovador superior a la media a través de redes de contactos que representen múltiples y diversas perspectivas, elevando así el poder de su mentalidad innovadora.*

## Experimentar

En general, la mayoría de los líderes experimentan muy poco. Si usted es como la mayoría de los líderes, pasa el 90 por ciento de su tiempo intentando no fracasar, en lugar de cómo tener éxito. Ese enfoque no es una mentalidad innovadora. ¿Por qué no experimentan más los líderes? Porque les han enseñado que fracasar es malo. Los experimentos fallidos no dan ascensos ni aumentos de sueldo. Usted ha conseguido lo que ha conseguido en su carrera porque tenía las respuestas correctas y evitó el fracaso. Las respuestas correctas son seguras. Los experimentos son arriesgados. Por tanto, experimentar está demasiado asociado al fracaso y según la norma, debe evitarse si queremos ascender. Así reza el pensamiento tradicional.

Jordan no era diferente. Como la mayoría de los líderes en un entorno acelerado, creía que no podía permitirse el lujo de experimentar con ideas y posibles soluciones. Desde luego, no quería que nada de lo que tocaban sus manos se asociara con el fracaso. Jordan estaba atrapada en el modo "seguro". "Las empresas no avanzan en modo "seguro". Las organizaciones que logran grandes avances lo hacen a través del pensamiento innovador. Ese tipo de pensamiento nace de una cultura de innovación, en la que se fomenta la experimentación y la gestión del riesgo es un aspecto comprendido dentro de ella.

En una situación, manifestantes se habían congregado en torno a varios centros de distribución de la empresa en todo el país. Estaban bien organizados. Había un líder claro en cada centro, con equipos de apoyo que trabajaban por turnos las 24 horas al día. Habían conseguido cobertura mediática en casi todos los lugares. Jordan ya lo había visto antes. Desde su punto de vista y experiencia, la mejor respuesta era el enfoque tradicional, que consistía en no enfrentarse directamente a los manifestantes. Redactó una declaración para los medios de comunicación y no dirigió ninguna comunicación directamente al grupo manifestante. El problema era que la empresa de Jordan tenía un largo historial de relaciones sólidas y sanas con este grupo de manifestantes y a otros líderes no les parecía que ignorarlos fuera una buena forma de relacionarse con ellos.

*Los futuros líderes entenderán que los experimentos no se juzgan en términos de éxitos o fracasos, sino por los méritos de lo bien que buscaron y eliminaron los "resultados inesperados".*

Si Jordan tuviera habilidades de innovación, habría formulado de inmediato un gran número de preguntas al mayor número posible de partes, incluidos los manifestantes. Habría observado que, históricamente, la empresa mantenía una buena relación con este grupo. Quizá su recomendación hubiera sido diferente de lo que había hecho en el pasado con otras organizaciones. Y si hubiera sido una líder con mentalidad innovadora, tal vez habría desarrollado una respuesta más relacional y conversacional y habría experimentado con los manifestantes en algún lugar para ver cómo respondían.

Jordan también habría aprendido de una interacción, habría perfeccionado su enfoque y habría intervenido en el siguiente lugar con resultados aún mejores. Al final, el resultado fue una larga y dolorosa disputa pública. La previsible respuesta de Jordan era típica de las tácticas utilizadas por muchas otras empresas. Su enfoque no tenía nada de innovador y, por lo tanto, el resultado no tuvo nada de innovador.

Por desgracia, este patrón continuó hasta que intervino Recursos Humanos. Juntos, elaboraron un programa de desarrollo de liderazgo diseñado para presentar a Jordan habilidades de innovación, así como otras herramientas de liderazgo. Mientras tanto, muchos miembros de su equipo pidieron cambiar de departamento y otros abandonaron la empresa. Buscaban un entorno más integrador y colaborativo, características de una cultura de innovación. Con el tiempo, Jordan se convirtió en una líder con mentalidad innovadora y empezó a crear una cultura de innovación en su departamento. La transformación fue difícil. Deshacerse de nuestros modelos mentales curtidos y endurecidos durante muchos años lleva tiempo, pero es posible. ¿Está preparado para iniciar su viaje?

## CAMBIAR LA NARRATIVA DEL FRACASO

Partiendo de la habilidad de experimentación mencionada anteriormente, es necesario abordar el miedo al fracaso que se asocia a la experimentación. El miedo al fracaso está presente en todos nosotros. Se ha alimentado en cada etapa de nuestra educación y en nuestra vida profesional. Nadie asciende gracias a sus fracasos. El fracaso es fracaso. Intentar cambiar la mentalidad de "fracasar es malo" a "fracasar es bueno" es una pérdida de tiempo y esfuerzo. El fracaso es malo. Siempre lo ha sido y siempre lo será. Una cultura de innovación no arraigará en un entorno en el que el miedo al fracaso sea más fuerte que el deseo de adaptarse, colaborar y confiar en los demás.

La única manera de superar este miedo contraproducente al fracaso es cambiar la narrativa del fracaso a resultados inesperados. A diferencia de los fracasos, los resultados inesperados refinan las buenas ideas y las transforman en grandes soluciones. Deberíamos buscarlos con entusiasmo. Son las percepciones que apuntan a áreas específicas que ponen de relieve cómo mejorar las ideas. Por otra parte, centrarse en los fracasos pone de relieve las áreas en las que la idea es deficiente e insuficiente. Muchas veces, los líderes interiorizan el fracaso de su idea y sienten que han fracasado personalmente. El resultado es que los líderes evitan el riesgo y la experimentación, que son componentes esenciales del proceso de innovación. Cuando los líderes creen que una idea fracasada es un reflejo de su capacidad de liderazgo, no arraigará una cultura de innovación. Sin embargo, la búsqueda de resultados inesperados cambia la narrativa negativa del fracaso por una positiva basada en el espíritu de mejora y no en el juicio.

El único "fracaso" en el vocabulario de un innovador debería ser éste:

*F. A. I. L.* *Por sus siglas en inglés, olvidar la importancia de aprender.*
*Forgetting*
*About the*
*Importance of*
*Learning*

Otra razón para cambiar la narrativa del fracaso tiene que ver con el coste del eslogan común, "fracasa rápido, fracasa a menudo". Esto tiene dos partes. En primer lugar, fallar rápido a menudo puede cortocircuitar los beneficios del prototipo iterativo. Dan Pontefract escribió en un artículo de Forbes de 2018 titulado " La insensatez del fallar rápido, fallar a menudo", "Cuando los ejecutivos instituyen un mantra de 'fallar rápido, fallar a menudo', deben asegurarse de que no será a expensas del pensamiento creativo o crítico. El tiempo es nuestro recurso más preciado. Cuando se invoca "fracasa rápido, fracasa a menudo", no puede convertirse en una cultura en la que la velocidad triunfe sobre el tiempo que necesitamos dedicar a la creatividad. Además, no debemos preocuparnos por fracasar ante poniéndonos a la exigencia de tomar decisiones juiciosas y meditadas".

En segundo lugar, fracasar tiene un coste financiero acumulativo. Con el tiempo, creo que a los inversores les interesa menos que la empresa pruebe tantas ideas como sea posible con la esperanza de que una idea ganadora se convierta en un éxito financiero. Esto es lo que yo llamo innovación impulsada por las ideas. En cierto sentido, los inversores pagan por los fracasos. Resulta más atractivo desde el punto de vista financiero centrarse en el público adecuado al que servir y elegir el problema adecuado que resolver. A esto lo llamo innovación basada en el público. A los inversores les interesa más asegurarse de que la empresa destine recursos a oportunidades más inteligentes y estratégicas en las que pueda ganar desde una posición de fortaleza. En lugar de pagar por múltiples fracasos, inviertan en explorar resultados inesperados.[5]

## TRABAJAR CON RESULTADOS INESPERADOS

Los resultados inesperados entran en juego durante la creación de prototipos. Una vez identificada la solución y lista para pasar a la creación de prototipos, debe elaborarse una lista de resultados esperados. Durante la creación de prototipos, debe elaborarse una lista de resultados inesperados realmente observados y compararse con la lista de resultados esperados. Para cada resultado inesperado, debe comprenderse su raíz, de modo que en la siguiente iteración puedan realizarse las mejoras necesarias. Cuando ya no haya más resultados inesperados, la idea estará lista para seguir adelante. Esto se trata en detalle en el capítulo Proceso.

## CUÁN PREPARADO ESTÁ PARA LA INNOVACIÓN

La mayoría de los líderes están de acuerdo en que estar preparados para la innovación puede tener un impacto positivo en sus organizaciones. Muchos se sienten inspirados para ser agentes de cambio positivo y así elevar el nivel de rendimiento y liberar el verdadero potencial que reside dentro de sus organizaciones. Están impacientes por compartir lo que han aprendido de este libro con los líderes receptivos de su empresa, con la esperanza de que ellos también vean la posibilidad de convertirse en una organización innovadora. Sin embargo, con demasiada frecuencia, su entusiasmo se topa con un interés tibio y con insinuaciones poco sinceras de los altos directivos. ¿Por qué?

¿Por qué hay tantos directivos reacios a aprender a crear una cultura de la innovación? ¿Tienen una aversión intrínseca a la innovación? Puede que crean que quieren que su empresa se convierta en una organización innovadora. Puede que incluso estén de acuerdo en que su empresa no es innovadora en la actualidad, pero que debería serlo. Y, sin embargo, siguen sin dar prioridad a la creación de una cultura y unas capacidades de innovación. ¿Por qué? ¿Qué lo impide?

Puede que tengan pensamientos innovadores, pero "ser" innovador es como correr en una cinta; gastan mucha energía corriendo, pero no avanzan. Es posible que no pueda convencer a los demás para que den prioridad a la innovación, pero puede empezar con lo que tiene, justo donde está. Su comportamiento puede ser contagioso, y los resultados de su práctica de innovación serán innegables. Éstos pueden ser los catalizadores que despierten en otros líderes el deseo de crear una cultura de innovación allí donde se encuentren.

Es hora de tomarse un momento, mirarse al espejo y hacer una evaluación honesta de su voluntad de crear una organización innovadora. Si admite honestamente que su perspectiva sobre la innovación debe evolucionar y se siente obligado a convertirse en un líder que dirige con una mentalidad innovadora, examinemos cómo puede lograrlo.

Si se ha sumergido en este libro como un líder ávido para construir una organización innovadora y que ya lleva algún tiempo nadando en aguas de innovación, está en el lugar adecuado. Si todo esto es nuevo para usted, este es un buen punto de partida. Independientemente de lo lejos que haya llegado en su viaje para convertirse en un líder con mentalidad innovadora, y antes de dar el siguiente paso, evaluemos su estructura organizacional actual y el tipo de modo de liderazgo que emplea.

## FORMAS DE LIDERAR

¿Qué tipo de líder es usted? ¿Cómo ha diseñado la forma en que los demás perciben su liderazgo? Normalmente, en muchas empresas hay dos formas de liderazgo: la autocracia y la oligarquía. En la forma autocrática, las decisiones las toma una sola persona. No se trata de decisiones rutinarias, sino de cuestiones de alto nivel, como la dirección estratégica, la marca, los recursos (humanos y económicos), cómo se asignan esos recursos, etcétera. Son decisiones que se dejan a la discreción de una sola persona. A medida que la organización autocrática crece, crea "mini—autocracias" dirigidas por personas que son las únicas que toman decisiones para sus departamentos. Aunque se trata de una forma eficaz de gobierno que reduce significativamente el tiempo en reuniones y el tiempo que se tarda en tomar una decisión, es un enfoque totalmente ineficaz si lo que se desea es un crecimiento que rompa brecha y sea transformador.

Lo que es más indeseable es que la capacidad de la organización autocrática para gestionar el cambio y la perturbación está limitada por la capacidad de una sola persona: su líder. Es probable que los líderes autocráticos no posean la capacidad de innovar, de ver los puntos ciegos, de asumir perspectivas alternativas y de escuchar a personas interesantes y diversas y comprender sus ideas. La adaptabilidad, la colaboración y la fiabilidad son atributos esenciales de una organización preparada, y pueden ser un reto en las autocracias.

Puede que usted sea un gran visionario que ha creado y dirigido una empresa hasta convertirla en una organización próspera y en expansión. Y esto no es un debate sobre su capacidad de liderazgo. Simplemente tenemos que señalar que las autocracias son más eficaces siempre que el grado de cambio externo sea leve y su ritmo, lento. El peligro al que se enfrentan los líderes autocráticos es que el cambio no es ni ligero ni lento en gran parte de los entornos actuales.

Además, las autocracias son como las tribus. En las tribus, hay un jefe. ¿Cuándo saben los jefes cuándo ha llegado el momento de dimitir porque las necesidades de la tribu son mayores que la visión original que una vez tuvo para ellos? Respuesta: ¡no lo saben! Los jefes son líderes autocráticos con una visión limitada y a veces su pensamiento se vuelve obsoleto. Cuando esto ocurre, la tribu debe enfrentarse a la realidad de que el jefe debe ser destituido. La destitución de una figura autocrática desprevenida puede ser una estación de cambio perjudicial que ahogue el crecimiento y, a veces, destruya la organización por completo.

En una oligarquía, los derechos para tomar decisiones pertenecen sólo a unas pocas personas en la cúspide de la organización. El poder reside en un grupo reducido de personas que probablemente tienen el mismo aspecto, hablan y piensan como los demás y probablemente tienen experiencias vitales y antecedentes similares. El líder que formó este equipo debe tener mucha confianza en sus miembros, por lo que el equipo suele convertirse en un grupo homogéneo de "conocedores".

Reunir un equipo oligárquico con los mismos valores y visiones del mundo puede ser útil en algunos aspectos, pero si esos requisitos, más una experiencia laboral relevante, son las únicas cualificaciones, entonces el equipo de liderazgo oligárquico puede, sin saberlo, sembrar las semillas del declive, porque desaprovechará las valiosas sinergias de un enfoque de gestión diversificado e inclusivo. La diversidad suele verse como un desafío al poder de la oligarquía y una amenaza a su capacidad para garantizar que las bases se mantengan a raya. Si esto es lo que ocurre en su organización, sin querer ha puesto freno a su potencial para innovar, crecer y prosperar a largo plazo. Quizás quiera explorar la alternativa.

Me gustaría animarle a considerar la "jerarquía plana" como una alternativa. A diferencia de las jerarquías tradicionales, en las que las ideas se expresan típicamente en flujos de comunicación unidireccionales y sólo los de arriba tienen toda la información y el poder, los miembros de las "jerarquías planas" miran a izquierda y derecha en busca de colaboración, en lugar de arriba y abajo en busca de instrucciones o mando. Como describe Jacob Morgan, experto en el futuro del trabajo, en su libro *The Future of Work: Attract New Talent, Build Better Leaders, and Create a Competitive Organization* (El futuro del trabajo: Atraer nuevos talentos, formar mejores líderes y crear una organización competitiva), "una estructura más 'plana' busca abrir las líneas de comunicación y colaboración al tiempo que elimina capas dentro de la organización", un elemento esencial de una organización innovadora.

*¿Con qué frecuencia trabaja en equipo? Según un reciente estudio sobre el lugar de trabajo realizado por Deloitte, hoy en día sólo el 38% de las empresas están organizadas por funciones y la mayoría de ellas están adoptando (o han adoptado ya) estructuras más descentralizadas y flexibles basadas en equipos. Este cambio es especialmente drástico en el contexto de la innovación. Los equipos de innovadores deben representar una amplia variedad de habilidades y conocimientos funcionales, pero también deben ser capaces de moverse con rapidez y cambiar de dirección en respuesta a la nueva información.*

—DRA. BARBARA LARSON,
*"El lado humano de la innovación" Northeastern University, 2021*

Según Morgan, hay ciertos componentes necesarios para que una jerarquía plana sea eficaz.

➤ Los empleados deben poder colaborar fácilmente y acceder entre ellos y a la información en cualquier lugar, en cualquier momento y desde cualquier dispositivo.

➤ Los ejecutivos y directivos deben entender que los empleados no tienen por qué trabajar en su empresa, sino que deben querer trabajar en ella y, en consecuencia, todo debe diseñarse en torno a ese principio.

➤ Los directivos existen para apoyar a los empleados, y no al revés. Este papel también significa que los altos directivos se centran en transmitir el poder de la autoridad a los demás en lugar de transmitir mensajes de información y comunicación.

➤ La organización debe aceptar que la forma en que trabajamos está cambiando y, por lo tanto, debe sentirse cómoda con cosas como acuerdos de trabajo flexibles, suprimir las revisiones anuales de los empleados y cuestionar otras formas anticuadas de trabajar.

La cuestión aquí es que debe establecerse una cultura dispuesta a aceptar la innovación como forma de comportamiento. No se trata de arrancar el motor del avión en pleno vuelo o cambiar los neumáticos de un coche en marcha. No se trata de introducir cambios radicales en la cultura existente de la noche a la mañana. Se trata de prever una transformación cultural en torno a la forma en que la organización piensa sobre lo que hace, relacionándose de forma más colaborativa, actuando de forma más innovadora e iniciando un verdadero viaje hacia la innovación con el compromiso de llevarlo a cabo.[6]

Gary P. Pisano, de Harvard Business School, nos advierte de que debemos tener en cuenta que "la falta de jerarquía no significa falta de liderazgo". Y continúa: "Paradójicamente, las organizaciones planas requieren un liderazgo más fuerte que las jerárquicas. Las organizaciones planas a menudo se convierten en un caos cuando la dirección no establece prioridades y direcciones estratégicas claras". A medida que las organizaciones se transforman en organizaciones planas, puede ser necesario que los líderes adquieran un conjunto diferente de habilidades y un nuevo conjunto de herramientas. En lugar de martillos y clavos, pueden necesitar pintura y paños. Cuando se produzca este cambio, sólo sabrán utilizar sus nuevas herramientas con eficacia cuando se establezca una conexión clara entre las prioridades estratégicas y el nivel de colaboración transversal e inclusión necesario para dar vida a las estrategias.[7]

## EL LÍDER INCLUSIVO Y LA INNOVACIÓN

*"Si no incluyes intencionadamente, excluyes sin querer".*

—EKATERINA WALTER

Bernadette Dillon y Juliet Bourke, directora de clientes y socia de Consultoría de Capital Humano de Deloitte, respectivamente, afirman que la diversidad de pensamiento es un ingrediente fundamental para una colaboración eficaz. Lejos de guiarse por corazonadas y sentimientos, o de dejar el éxito al azar, los líderes integradores adoptan un enfoque disciplinado de la diversidad de pensamiento, prestando especial atención a la composición del equipo y a los procesos de toma de decisiones empleados. De este modo, comprenden los factores demográficos que hacen que las personas y los grupos piensen de forma diferente, tanto directa (formación y estructuras mentales) como indirectamente (sexo y raza). A partir de ese conocimiento, alinean intencionadamente a los individuos con los equipos. Como ya se ha dicho, la innovación es *cómo pensamos* sobre lo que hacemos, no sólo *algo que hacemos*.

Bourke describe seis rasgos del liderazgo integrador: Compromiso, Coraje, Conocimiento de los prejuicios, Curiosidad, Inteligencia cultural y Colaboración. Quiero centrarme en el sexto rasgo: **Colaboración**. Bourke identifica tres elementos clave de la colaboración y señala las formas en que los líderes piensan sobre la colaboración, y luego cómo pueden llevar la colaboración a la vida a través de acciones de liderazgo inclusivo.

| RASGO DISTINTIVO: COLABORACIÓN | | |
| --- | --- | --- |
| **Elemento** | **En lo que los líderes inclusivos piensan** | **Lo que los líderes inclusivos hacen** |
| Empoderamiento | • Garantizar que los demás se sientan capaces y cómodos para contribuir de forma independiente. | • Dar libertad a los miembros para afrontar situaciones difíciles<br>• Capacitar a los miembros para tomar decisiones sobre cuestiones que afectan a su trabajo<br>• Responsabilizar a los miembros del equipo del rendimiento que pueden controlar |
| Trabajo en equipo | • Ser disciplinado con respecto a la diversidad de pensamiento en cuanto a la composición del equipo y los procesos. | • Formar equipos de pensamiento diverso<br>• Esforzarse por garantizar que los miembros del equipo se respeten mutuamente y que no haya grupos marginados dentro del equipo<br>• Anticiparse y tomar medidas adecuadas para resolver los conflictos del equipo cuando se produzcan |
| Voz | • Adaptar los estilos y procesos para que todos los miembros del equipo tengan voz. | • Crean un entorno seguro en el que las personas se sientan cómodas y capaces de hablar<br>• Incluyen explícitamente a todos los miembros del equipo en los debates<br>• Hacen preguntas de seguimiento |

*https://www2.deloitte.com/us/en/insights/topics/talent/six—signature—traits—of— inclusive—leadership.html*

Pido que pongas la atención sobre dos elementos en particular: El poder y la voz. En primer lugar, dar al equipo la posibilidad de abordar los problemas por sí mismos saca a relucir la capacidad natural que Dios les ha dado para ser solucionadores creativos de problemas en un entorno cómodo. En una cultura de innovación, cada miembro del equipo recabará de forma natural la opinión de los demás a medida que resuelve su problema, alimentando así la colaboración de forma que se convierta en un comportamiento rutinario. "Los demás me invitan a resolver sus problemas. ¿Por qué no iba a hacer yo lo mismo para resolver los míos?". Así es como surgen las soluciones innovadoras.

En segundo lugar, hay que hacer una distinción esencial con respecto a la voz. Tener voz y ser escuchado son dos conceptos diferentes. La colaboración dentro de una cultura de innovación significa que todas las voces tienen el mismo peso. Este equilibrio es más fácil de decir que de hacer.[8]

Jaime dirigía un proyecto de desarrollo de un nuevo producto para cocinas comerciales y hacía todo lo correcto como líder con mentalidad innovadora. Cada semana, el equipo se reunía para debatir el proyecto y cada uno de sus miembros disponía de diez minutos para informar y pedir opiniones e ideas. A medida que el equipo avanzaba en el proceso de innovación, Jaime se dio cuenta de que la mayoría de los miembros utilizaban sistemáticamente los diez minutos, pero uno de ellos, Paulie, cada vez empleaba menos tiempo. Jaime también se dio cuenta de que Paulie se volvía menos participativo a medida que avanzaba el proyecto.

Cuando Jaime habló con Paulie a solas, le preguntó si lo que había observado estaba ocurriendo realmente y por qué. Afortunadamente, Jaime había creado un espacio seguro dentro del equipo y Paulie le explicó lo que estaba pasando. Paulie era el miembro más veterano del equipo desde hacía varios años. Llevaba toda su carrera en el sector y aportaba una gran experiencia. No había crecido con una tableta en el regazo y se sentía un poco superado tecnológicamente por sus compañeros. Además el inglés era su segundo idioma, aunque lo hablaba con fluidez.

En la plataforma de chat del equipo, Paulie se dio cuenta de que sus mensajes no recibían la misma respuesta de Jaime que los de los demás, tanto en puntualidad como en minuciosidad. Paulie admitió que sus mensajes eran más largos y detallados que los de la mayoría, por el deseo de demostrar que dominaba la tecnología y el idioma. Es cierto que las respuestas de Jaime a los mensajes de Paulie no eran tan puntuales ni minuciosas como las de los demás. Desde el punto de vista de Jaime, Paulie incluía tantos detalles que no necesitaba añadir más comentarios ni hacer preguntas. Además, las ideas de Paulie estaban tan bien desarrolladas que Jaime no tenía mucho que añadir. El retraso en la respuesta con respecto a los demás se debía a que Jaime dejaba los mensajes de Paulie para el final del día, o incluso para la mañana siguiente, debido a su longitud.

Jaime se dio cuenta de que, aunque proporcionar varios canales para que se escucharan las voces del equipo era un catalizador para la colaboración, cada voz debía considerarse individualmente dentro de cada canal y "escucharse" con el mismo peso. La definición de "igual peso" puede variar según el canal. Esta es una nueva dimensión de la que deben ser muy conscientes los líderes que deseen dirigir con mentalidad innovadora. Además, el comportamiento de Jaime en el canal se reproducía delante de los demás en el chat, enviando potencialmente mensajes sutiles que podrían conducir a prejuicios inconscientes hacia Paulie y sus comentarios. Con el tiempo, otros miembros del equipo empezaron a preguntarse: si Jaime estaba señalando a Paulie, ¿podría señalarlos a ellos también?

El miedo y las dudas erosionan la sensación colectiva de seguridad psicológica del equipo y podrían deteriorar la comunicación y reducir la colaboración y, en consecuencia, la eficacia de las soluciones.

## Beneficios de un Liderazgo Inclusivo

➤ Los empleados se exponen en las actividades innovadoras cuando experimentan una relación de calidad con los líderes.

➤ La calidad de la relación entre el líder y los empleados motiva a éstos a asumir riesgos de forma independiente, no sólo generando nuevas ideas, sino también promoviéndolas y aplicándolas. Esta motivación para asumir riesgos por parte de los empleados surge *[sic]* cuando perciben Seguridad Psicológica, es decir, su entorno es seguro para la asunción de riesgos interpersonales.

La investigación existente sugiere que la seguridad psicológica motiva a los empleados a participar en el proceso creativo, en la medida en que los empleados participan en las actividades de identificación de problemas, búsqueda de información y generación de ideas. Zhang y Bartol, 2010 Zhou y Pan (2015) demostraron que el compromiso con el proceso creativo media [facilita] la relación entre la seguridad psicológica y la creatividad.[9]

# REDEFINIR DOS CARACTERÍSTICAS ESENCIALES DEL LIDERAZGO TRADICIONAL

La creación de una cultura preparada para la innovación empieza por usted, el líder. No se creará de abajo arriba. La mayoría de las empresas no están preparadas para ello. Puede que la cultura de su empresa sea sólida en general, pero para convertirse en una organización innovadora, lo más seguro es que haya algunos comportamientos de liderazgo dentro de su organización que deban evolucionar. Hay dos características tradicionales del liderazgo que son las piedras angulares de esta evolución: Humildad y Confianza.

## Humildad

Confucio dijo: "La humildad es la base sólida de todas las virtudes". "La recompensa de la humildad y del temor del Señor son las riquezas, el honor y la vida". (Proverbios 22:4)

"No hagan nada por egoísmo o vanidad; más bien, con humildad consideren a los demás como superiores a ustedes mismos. Cada uno debe velar no solo por sus propios intereses, sino también por los intereses de los demás." (Filipenses 2:3—4)

Es probable que haya leído libros y artículos sobre el tema en contextos modernos, ya que se aplica específicamente a las empresas. El liderazgo nivel 5 es un concepto desarrollado en el libro *Good to Great* (Empresas que Sobresalen) de Jim Collins. Cristaliza lo que significa hoy la humildad en el liderazgo.[10] "Los líderes nivel 5 muestran una poderosa mezcla de humildad personal y voluntad indomable. Son increíblemente ambiciosos, pero su ambición es ante todo por la causa, por la organización y su propósito, no por ellos mismos".

Al liderar con una mentalidad innovadora, la humildad adquiere un ligero pero significativo realce, añadiendo un nuevo giro significativo a su definición tradicional. En el contexto de la creación de una cultura de innovación, la humildad significa permitir que los demás influyan en tu forma de pensar.

Parece sencillo, ¿verdad? Pues no. Este es uno de los obstáculos psicológicos más comunes que se interponen entre liderar como lo hace hoy y convertirse en un líder con mentalidad innovadora. Considere su propia trayectoria profesional y adónde le ha llevado hoy. Lo más probable es que haya progresado en su carrera no gracias a las ideas de otra persona, sino porque usted fue su propio generador de ideas. Recibió reconocimiento y crédito por sus propias ideas al principio y eso siguió alimentando la creencia de que usted tenía que ser el "generador de ideas". La noción se ve exacerbada en muchas organizaciones por la expectativa de que usted y sólo usted debe articular una visión única e inspiradora, y luego iluminar a su personal con la idea que se le ocurrió porque usted, después de todo, es el líder.

Liderar con una mentalidad innovadora requiere que se libere de la creencia de que debe ser responsable de todas las ideas. Esta nueva forma de liderar la innovación permite a su equipo o departamento contribuir colectivamente a la generación de ideas e influir en su forma de pensar.

¿Por qué es esto tan importante? La cosa es así. Usted es bueno en lo que hace, o no estaría donde está. Puede que incluso se considere un experto, y es probable que lo sea. Ahora considere lo siguiente: cuanta más experiencia poseemos en un campo específico, más rígida se vuelve nuestra red mental. Las redes rígidas contribuyen a nuestra incapacidad para reconocer soluciones innovadoras. Los conocimientos especializados limitan nuestra capacidad de formular preguntas curiosas que nos ayuden a descubrir ideas transformadoras. Con el tiempo, nos familiarizamos tanto con el tema que tratamos que perdemos la capacidad de liberarnos de los contextos en los que tenemos que hacer nuestro trabajo. Las paredes de nuestra caja de conocimientos son demasiado altas y gruesas para pensar en cómo salir de ellas. Ya no somos capaces de ver nuestro trabajo desde perspectivas nuevas y diferentes.

**Como experto, te guste o no, eres la persona menos cualificada para aportar ideas innovadoras.** ¿Cuál es la solución? Deje que otros influyan en su forma de pensar.

*Buenas noticias: eres un experto en tu campo. Malas noticias: eres un experto en tu campo. Pierde la pericia, gana sabiduría.*

Cuando empiezas a permitir que otros influyan en tu forma de pensar, quién eliges como "otros" se convierte en algo sumamente importante. Piense en este grupo como su consejo de consejeros de innovación. A menudo, la noción de consejeros evoca imágenes de personas maduras y experimentadas que ya han recorrido el camino que usted está recorriendo y pueden ayudarle a evitar trampas, obstáculos y otros peligros. Este tipo de consejero experimentado es valioso si hablamos de la vida, pero no tanto cuando hablamos de innovación.

**CONSIDERE ESTO:** La *"innovación"* alcanza su punto álgido entre los innovadores de 46 a 50 años.[11]

Este hallazgo debería influir en quién forma parte de su consejo de consejeros de innovación: debería incluir a personas más jóvenes. Es probable que esta idea ponga en tela de juicio las opiniones que se tienen desde hace tiempo sobre a quién se elegiría tradicionalmente para formar parte del consejo de sabios. Se requiere una gran dosis de humildad para buscar la orientación de personas más jóvenes y con menos experiencia, y para escuchar y utilizar realmente sus ideas por encima de las propias en un entorno genuinamente inclusivo y psicológicamente seguro. [12]

Pero espera, ¡hay más! El género. Aunque el aumento de la diversidad en general incrementa el rendimiento, hay pruebas de que las mujeres tienen un impacto importante. En un amplio estudio en el que investigadores del MIT y de Carnegie Mellon trataron de identificar una puntuación de inteligencia general para los equipos, no sólo descubrieron que los equipos que incluían a mujeres obtenían mejores resultados, sino que cuanto mayor era la proporción de mujeres, mejor lo hacían los equipos. Si usted es hombre y en su consejo de innovación sólo hay voces masculinas, se está perdiendo una perspectiva importante que sólo las mentes femeninas pueden aportar a un problema o una oportunidad.[13]

*CONSIDERA ESTO: Según el informe "Delivering Through Diversity" (Resultados a través de la diversidad) de McKinsey & Company de 2018, "las empresas en el cuartil superior de diversidad de género en los equipos ejecutivos tenían un 21% más de probabilidades de superar la rentabilidad y un 27% más de probabilidades de tener una creación de valor superior. Las empresas con mejores resultados tanto en rentabilidad como en diversidad tenían más mujeres en puestos de línea (es decir, típicamente generadores de ingresos) que en puestos dentro de sus equipos ejecutivos."*

No se trata sólo de género. Las empresas en el cuartil superior de diversidad étnica/cultural en los equipos ejecutivos tenían un 33% más de probabilidades de obtener una rentabilidad líder en el sector. "El hecho de que esta relación siga siendo fuerte sugiere que la inclusión de personas muy diversas —y las múltiples formas en que existe la diversidad más allá del género— puede ser un elemento diferenciador clave entre las empresas". La inclusión permite pensar mejor y obtener mejores resultados. Obsérvese que la inclusión no significa simplemente que cada asiento de la mesa esté ocupado por alguien diferente del siguiente. Debe ser cierto que las voces de cada asiento se escuchan con imparcialidad e igual interés, independientemente de lo audaces que sean sus ideas o de cómo se presenten sus pensamientos. Si su organización quiere convertirse en una organización innovadora, entonces permitir que los demás influyan en el pensamiento propio es un comportamiento que debe ser modelado por usted, el líder.[14]

Recuerde que estamos hablando de innovación. Si su empresa necesita responder "¿Estamos haciendo lo correcto?" y "¿Estamos haciendo las cosas bien?", involucre a su consejo de innovación. Si se enfrenta a un cambio, involucre a su consejo de innovación. Si está creando planes para el próximo año, involucre a su consejo de innovación. Si hay problemas que deben superarse, involucre a su consejo de innovación. En otras palabras, si desea crear una organización innovadora, redefina el papel que desempeña la humildad en su filosofía de liderazgo, rodéese de personas diversas que superen sus expectativas en lo que respecta al pensamiento diverso y haga que la práctica de permitir que los demás influyan en su pensamiento cobre vida a través de su comportamiento.

Este giro de la humildad es contagioso. Si usted está realmente comprometido con ella, los demás miembros de la organización se darán cuenta y la practicarán. Debe responsabilizar de ello a todos los líderes. Si lo hace, fortalecerá la cultura de la innovación.

*La "indagación humilde" es el fino arte de atraer a alguien, de hacer preguntas para las que aún no se conoce la respuesta, de construir una relación basada en la curiosidad y el interés por la otra persona".*

—EDGAR H. SCHEIN

## Confianza

Los "otros" a los que debe permitir que influyan en su forma de pensar más allá de su consejo de innovación debe ser su equipo. Independientemente de los años de experiencia, cada uno de los miembros de su equipo está intrínsecamente predispuesto a resolver problemas de forma creativa. La creación de un entorno adecuado que dé rienda suelta a soluciones innovadoras y novedosas empieza por infundir confianza en todo el equipo. Esta confianza crea un entorno seguro e integrador para compartir ideas y encontrar soluciones. La confianza, por tanto, se convierte en una parte fundamental del liderazgo con mentalidad innovadora.[15]

**CONFIANZA:** *"Aprender a confiar es una de las tareas más difíciles de la vida".*

—Isaac Watts

*En su encuesta mundial de CEO de 2016, PwC informó que el 55% de los CEO piensa que la falta de confianza es una amenaza para el crecimiento de su organización.*

Al igual que la humildad, la confianza no es un concepto extraño. Usted como líder es consciente de la importancia de establecer confianza. Hacer lo que dices que vas a hacer y crear espacios seguros para que su equipo sea vulnerable son ejemplos de conceptos tradicionales de confianza que seguro reconoce. Sin embargo, en el contexto de liderar con una mentalidad innovadora, la confianza adquiere un significado ligeramente distinto del que tradicionalmente se le ha dado.

La confianza está actualmente en las puntuaciones más bajas de la historia. Las investigaciones demuestran que la confianza interpersonal sigue disminuyendo. El porcentaje de personas que creen que "se puede confiar en la mayoría de la gente" cayó del 46% en 1972 a casi el 30% en 2014. Cabe esperar que la tendencia a la baja continúe. ¿Qué impacto puede tener esto en su organización? En 2014, lo más probable es que una de cada tres personas que contrató no confiara en usted ni en los demás. Si proyectamos la tendencia a un futuro más lejano, serán incluso menos.

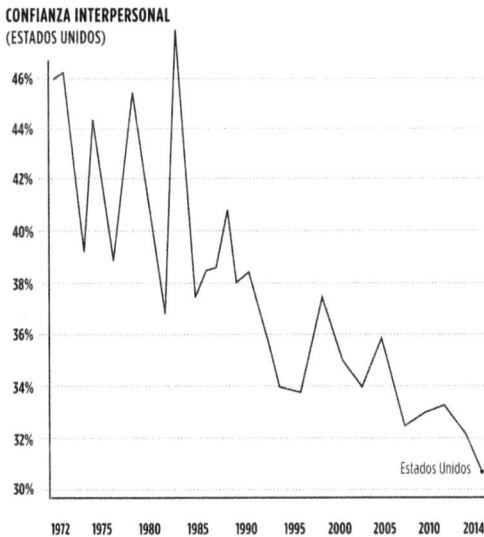

CONFIANZA INTERPERSONAL
(ESTADOS UNIDOS)

*Source: US General Social Survey (2016)*

El valor de permitir que los demás influyan en su forma de pensar se estableció en nuestra discusión acerca de Humildad. Piensa en la Confianza como una extensión de esa idea. La humildad no puede existir sin la confianza, y la confianza no tiene razón de ser fuera de la humildad. La confianza, en el contexto de la creación de una cultura de la innovación, sugiere que usted cede a los demás la responsabilidad de resolver de forma creativa problemas de todo tipo. Confía en que las personas que le rodean aprovecharán adecuadamente el proceso de innovación y experimentarán dentro de ese marco. Confía en que sean curiosos, inquisitivos y reflexivos. Al igual que la humildad, los comportamientos de confianza deben modelarse para que la organización los adopte.

En el contexto de una cultura de innovación, la confianza se define como el compromiso de modelar sistemáticamente un conjunto de comportamientos específicos.[16]

## COMPORTAMIENTO DE CONFIANZA 1

### Escuchar nuevas ideas con curiosidad y responder con preguntas interesantes

*"Mi equipo puede confiar en que trataré sus ideas con honor, dignidad y respeto en un lugar donde se sientan seguros para compartirlas".* Cada vez que pueda responder a una idea de cualquier persona de su organización, tendrá la oportunidad de demostrar su compromiso de transformar su cultura en una cultura de innovación. Su respuesta es la prueba de su compromiso. Dirigir una organización innovadora con una mentalidad innovadora requiere que responda de forma fiable a las ideas con una sola cosa: preguntas. Nada transmite más confianza que la indagación inquisitiva sobre

algo, tanto si nos interesa en el fondo como si no. Aunque creas que la idea puede no ser sólida o que está fuera de la estrategia, hacer preguntas sobre ella suele llevar al presentador de tales ideas a validar tus suposiciones o a refutarlas, ampliando así tu propia mentalidad innovadora.

La diferencia clave de responder con preguntas en lugar de declaraciones es que la persona con la idea autoevalúa la calidad de su idea a través de sus preguntas. Llega a la conclusión adecuada por sí misma, en lugar de que usted le diga que su idea es buena o mala. Aprenden a través de la experiencia y se hacen una idea de las características de una idea de alta calidad pensando en las preguntas que le ha hecho y formulando las respuestas adecuadas.

Responder a las ideas con preguntas en lugar de con afirmaciones reporta dos grandes beneficios. En primer lugar, más personas de su staff se sentirán inspiradas para pensar en formas de mejorar su trabajo y presentar ideas originadas desde su perspectiva individual. Imagínese a todo su personal pensando en resolver problemas y aprovechar oportunidades allí donde se encuentran, en lugar de unos pocos elegidos o, peor aún, usted solo. El resultado será un mayor número de ideas. Cuantas más ideas puedan resolver un problema concreto, mayor será la probabilidad de encontrar una que acabe cambiando las reglas del juego. En segundo lugar, la calidad de las ideas del personal aumentará considerablemente.

Saben que usted les interrogará sobre sus ideas haciéndoles preguntas como:

➤ ¿Qué problema resuelve esto realmente?

➤ ¿Es este problema un síntoma o conoce la raíz verdadera del problema que ha identificado?

➤ ¿De quién es el problema?

➤ ¿Desde cuándo existe este problema?

➤ ¿Por qué no se ha resuelto ya?

➤ ¿Qué/quién ha inspirado esta idea?

➤ ¿Qué tiene que ser cierto en esta idea para que tenga éxito?

➤ ¿Con quién has hablado o colaborado para ayudar a perfeccionar esta idea?

➤ ¿Qué recursos serán necesarios para poner en marcha esta idea?

➤ ¿Cómo ha cambiado/evolucionado esta idea entre el momento en que se pensó en ella y hoy?

➤ ¿Qué otras ideas consideraste pero rechazaste y por qué?

➤ ¿Qué haría fracasar esta idea?

➤ ¿Quién formaría parte del equipo que podría desarrollar más esta idea?

➤ ¿De qué manera puede esta idea ser más grande, innovadora o transformadora?

➤ ¿Qué condiciones harían fracasar esta idea?

Con el tiempo, su personal y sus líderes presentarán ideas de mayor calidad porque las preguntas que usted les hace se convertirán en sus preguntas y evaluarán más a fondo sus ideas antes de entablar una conversación sobre ellas con usted. El tiempo invertido en este atributo del liderazgo con mentalidad innovadora puede reportar grandes dividendos.

## COMPORTAMIENTO DE CONFIANZA 2

### Proteger el intercambio de TODAS las ideas y a las personas que las comparten

*"No habrá repercusiones futuras para la reputación o la carrera de un miembro del equipo por compartir ideas descabelladas, extravagantes u opuestas".* Una de las principales razones por las que las personas que acaban de empezar su carrera no se molestan en pensar en ideas nuevas y diferentes es el estigma que hemos fabricado en torno a las ideas demasiado "fuera de lo común". En consecuencia, pueden perder la oportunidad de aportar una idea que podría provocar una transformación en su organización. La posibilidad de que compartir una idea descabellada les marque para el resto de su carrera como inconformistas disidentes e indisciplinados les impedirá perseguir ideas que se salen del mapa. Sin embargo, ese es el tipo de ideas que nos empujan a buscar nuevos destinos, mejores y más grandes, y que dan lugar a innovaciones revolucionarias. Recuerde que los jóvenes suelen tener más capacidad para desarrollar ideas transformadoras. Su capacidad para pensar libremente (dentro de un marco) sobre grandes ideas (que aporten valor empresarial) es el combustible que impulsa el futuro de su organización. Celebre la naturaleza extravagante del pensamiento salvaje. Recuerde también que si está abierto a escuchar todas las ideas, sin juzgarlas, las ideas que escuche pueden ser descabelladas, pero existirán dentro de un marco de pensamiento sólido.

> *"La confianza tiene una correlación positiva y estadísticamente significativa con la probabilidad de convertirse en empresario. La confianza conduce a la iniciativa empresarial, y no al revés".*

## COMPORTAMIENTO DE CONFIANZA 3

### Establecer la equidad de las ideas

---

*"Siempre agradeceré el análisis y la retroalimentación de mis propias ideas y reconoceré que una vez que mis ideas son dichas, ya no son sólo mías. Deben ser evaluadas con el mismo peso que las demás ideas de todos los demás."* Una de las cosas más difíciles que podemos hacer como líderes es renunciar a la propiedad de nuestras ideas. Recordemos que es la voz del liderazgo tradicional la que nos dice que debemos ser los únicos creadores de ideas. Las personas que lideran con una mentalidad innovadora saben que esto no es cierto. Un líder innovador cree en el poder del "nosotros por encima de mí". ¿Qué te hace pensar que tus ideas son mejores que las de los demás? (Vuelva a leer la parte sobre la humildad y ser el experto). Es probable que tus ideas no sean tan buenas como las de los demás, y hay una razón para ello.

El ADN del innovador introduce dos conceptos esenciales: Habilidades de descubrimiento y habilidades de ejecución. Lo que debería ser una relación equilibrada entre ambos puntos de vista a menudo se desequilibra a favor de la Ejecución.

> ➤ **Habilidades de descubrimiento:** "Las habilidades de innovación de preguntar, observar, trabajar en red y experimentar constituyen lo que llamamos el ADN del innovador, o código para generar ideas innovadoras." Estas habilidades se encuentran con frecuencia en los emprendedores fundadores y alimentan las ideas con visión de futuro. Por desgracia, con el tiempo (muy poco tiempo en algunos casos), la cantidad de trabajo y los incesantes retos de mantener el funcionamiento cotidiano de su organización exigen que ejercite más las habilidades de Ejecución que las de Descubrimiento.

➤ **Capacidad de ejecución:** "Analizar, planificar, aplicar con detalle y ejecutar disciplinadamente... es fundamental para obtener resultados". Es probable que se encuentre tan atrapado en la gestión del presente que sea incapaz de imaginar futuros innovadores para su organización. No hay descubrimiento. Está tan ocupado viviendo en el mundo de "lo que es" que no pasa tiempo en el reino de "lo que pasaría si". El resultado de esa forma de pensar es que sus ideas probablemente no son tan geniales como usted cree. Cuando su equipo se lo diga, su respuesta debe ser de gratitud y reconocimiento por su honestidad. Deben confiar en que usted recibirá sus críticas constructivas con gracia y sincero aprecio.[17]

## COMPORTAMIENTO DE CONFIANZA 4

### Confiar en el proceso de innovación

*"Aunque como líder tengo autoridad para hacerlo, no eludiré los pasos del proceso de innovación. Seré un modelo de lo que es confiar en el proceso".* Cualquier innovador practicante te dirá "¡confía en el proceso!". El proceso de pensamiento de diseño ha funcionado durante miles de años. Siempre lo ha hecho y siempre lo hará, pero he visto a muchos líderes comprometer, diluir o ignorar por completo las etapas del proceso de innovación. Esta indiferencia se debe a varias razones.

En primer lugar, muchos líderes son proclives a la acción. Quieren que las cosas sucedan. Por ese motivo, tienden a ignorar la fase de Descubrir y a empezar por la de Diseñar, para luego precipitarse en la de Implementar, o ir directamente a la de Implementar. (Trataremos el proceso Descubrir—Diseñar—Implementar en detalle en un capítulo posterior).

Otra de las razones por las que se ignoran los pasos del proceso son las expectativas poco realistas a la hora de implementar una idea. El ego personal puede interponerse en el camino y empujar a los líderes a evitar el prototipo o las pruebas porque no quieren que los resultados inesperados se reflejen negativamente en su reputación como líderes.

¿Alguna de estas situaciones le describe a usted? Si es así, no está solo. Pero si desea crear una organización innovadora, debe demostrar a su equipo que seguir el proceso le importa mucho. Debe superar cualquier tentación de comprometer el proceso y demostrar a la organización que no abandonará una fase del proceso para pasar a la siguiente hasta que se hayan explorado a fondo todos los aspectos de esa fase y se haya valorado el resultado. Si los demás le ven tomar atajos, se sentirán capacitados para hacer lo mismo y la innovación no se arraigará en su organización.

*La confianza permite que las conversaciones difíciles y desafiantes sobre el statu quo, las nuevas direcciones, la estrategia y la visión tengan lugar de forma saludable. Lo que no nos desafía no nos cambia.*

## UNA COSA MÁS SOBRE LAS PERSONAS

He aquí algunos consejos más para que el segundo principio de Innovación Esencial sea muy eficaz.

➤ Nombre a una persona responsable de innovación. Esta persona y su equipo no son los principales innovadores, pero enseñarán, entrenarán y orientarán a la gente sobre el proceso de innovación, guiarán a los propietarios de proyectos a través de él y mostrarán cómo otros pueden participar, liderar y enseñar el proceso. El equipo de innovación no es el dueño de la innovación. Tiene la responsabilidad de fomentar una cultura de innovación y ayudar a crear un ejército de vibrantes innovadores cotidianos.

➤ Evalúe su perfil de contratación para la innovación. ¿Tiene uno? Comprender el estilo de pensamiento de un candidato antes de contratarlo ayuda a diversificar la tribu.

➤ Cree un tribunal de pensadores ajenos a la organización, quizá fuera de su sector, para que ofrezcan una perspectiva imparcial, ingenua—experta.

➤ Nutra un ejército de innovadores cotidianos incorporando entrenadores de innovación en todos los departamentos de la organización.

➤ ¡Co—crear! ¡Co—crea! Las organizaciones centradas en el cliente son más innovadoras. Implique a los usuarios finales en el proceso de innovación.

Una organización no se convierte en una organización innovadora simplemente creando un proceso de innovación. El liderazgo debe tener la intención de crear una cultura de innovación y sentar las bases de la humildad. La humildad conduce a la confianza. La confianza conduce a conversaciones audaces, alocadas y fantásticas en entornos seguros en los que pueden florecer nuevas ideas. Estas conversaciones conducen a una colaboración vibrante, abierta y eficaz. Sólo una cultura en la que las personas se relacionan entre sí en un entorno sostenible e integrador de colaboración a todos los niveles, empezando por la cabeza, está preparada para la innovación.

William Johnsen dijo: "Si ha de ser, depende de mí". Es difícil pero posible crear una cultura de la innovación. Se necesita un pionero cuyo espíritu pionero pueda cambiar el curso de una organización de forma drástica.

¿Quién es el precursor de innovación en su organización? Si no es usted, ¿por qué no? Los comportamientos que se han tratado en este capítulo pueden ponerse en práctica mañana mismo. Puede predicar con el ejemplo y crear una cultura de innovación sin ego y rica en humildad y confianza, para que la colaboración florezca y su gente también.

# APLÍCALO

**REFLEXIÓN:**

¿Cuál diría mi equipo que es mi proporción entre preguntas y afirmaciones? ¿Cómo describirían los demás cómo trato sus ideas? ¿Cómo describiría mi equipo lo bien que invito a que critiquen mis ideas? ¿Cómo describirían lo bien que recibo su opinión sobre mis ideas?

**REACCIÓN:**

¿Qué comportamientos específicos de Confianza y Humildad necesito mejorar?

**ACCIÓN:**

**Personal:** Para convertirme en un mejor líder con mentalidad innovadora, ¿Qué voy a hacer primero de forma diferente y a partir de cuándo?

**Organización:** ¿Quién asumirá la responsabilidad de transformar nuestra organización en una organización innovadora?

# 3

# FILOSOFÍA

El tercer principio de Innovación Esencial, Filosofía, es un paso crítico en la creación de una cultura de innovación antes de pasar a los pasos cuatro, cinco y seis del proceso. Este paso supone que ya se ha adoptado el segundo paso, el comportamiento de las Personas, porque hay preguntas esenciales que deben responderse sobre la cultura de la innovación antes de que pueda activarse la innovación como capacidad.

Muchas organizaciones luchan durante mucho tiempo con este paso de la Filosofía. El trabajo puede ser difícil, pero el resultado es de suma importancia porque establece la trayectoria para todo lo demás que sigue. Prepárese para largas discusiones sobre lo que pueden parecer minucias, como qué palabra debe aparecer en la declaración "creemos" sobre la innovación. No son minucias. Las palabras importan. Como veremos en este capítulo, la elección de las palabras adecuadas es fundamental para alinear a todos en la creación de una organización innovadora.

Los resultados del paso de la Filosofía determinan si la innovación se produce o no en su organización, y de ello depende el legado de innovación que usted y su equipo de liderazgo dejarán a su organización.

En este capítulo, analizaremos cada una de estas categorías desde la perspectiva de la innovación. Se le pedirá que responda a las siguientes preguntas:

➤ ¿Cómo queremos convertirnos en una organización innovadora?

➤ ¿Qué debemos creer de nosotros mismos y de nuestra empresa para convertirnos en una organización innovadora?

➤ Cuando nos convirtamos en una organización de innovación, ¿qué habrá de cierto en cómo la innovación cobra vida en toda nuestra empresa?

➤ ¿Cómo dotaremos al personal de las herramientas necesarias para aplicar métodos de innovación a su trabajo?

➤ ¿Cuál será nuestro lenguaje común de innovación que se convertirá en parte habitual de nuestras reuniones, charlas de pasillo, correos electrónicos, presentaciones, etc.?

➤ Cuando nos convirtamos en una organización innovadora, ¿cómo se medirá el valor de nuestro trabajo?

➤ ¿Cómo responsabilizamos al personal de nuestros comportamientos innovadores?

El resultado de este capítulo será un marco que representa ladrillos constructivos claramente definidos para establecer la práctica de la innovación en su empresa. Los pasos que dará tienen por objeto proporcionar orientación y dirección. Le animo a que piense en cómo adaptar este material de la forma que mejor se adapte a su organización específica.

Empecemos por definir lo que entendemos por Filosofía. La filosofía es el estudio de las cuestiones fundamentales relativas a:

- ➤ La razón
- ➤ Creencias
- ➤ La mente
- ➤ El conocimiento
- ➤ El lenguaje
- ➤ El valor

Examinaremos cada uno de ellos desde la óptica de la creación de una cultura de la innovación. Cada uno de los seis elementos filosóficos debe abordarse con mucha reflexión, recordando al mismo tiempo que son eslabones de una cadena cultural, y que esa cadena sólo será tan fuerte como su eslabón más débil. Dicho esto, empecemos.

# RAZÓN

Dar sentido a las cosas
y a las prácticas.

# ELABORACIÓN DE LA DECLARACIÓN DE PROPÓSITO DE LA INNOVACIÓN

Su declaración de propósito de la innovación explica la razón de ser de la innovación en su organización. Desempeñará un papel clave en el lanzamiento de la práctica de la innovación en toda su organización. Ayudará a todos a entender por qué la innovación es importante para el crecimiento de su empresa. Considere la Declaración de Propósito de la Innovación en tres secciones:

1. Valor o impacto a largo plazo
2. Conexión emocional
3. Catalizador para nuevas áreas de crecimiento

Veamos cada uno de ellos por orden.

*El valor / impacto a largo plazo* debe responder a preguntas sobre la diferencia que supondrá convertirse en una organización innovadora a lo largo de varios años. Hable de quién es usted hoy como organización y de quién quiere ser en el futuro. Piense a lo grande... realmente a lo grande. ¿Adónde puede llevar el convertirse en una organización innovadora? De estos debates surgirá un propósito cada vez más claro que la innovación desempeñará en ese viaje.

### Preguntas sugeridas sobre el valor/impacto a largo plazo

➤ ¿En qué se diferenciará nuestra empresa dentro de cinco años por habernos convertido en una organización innovadora?

- ¿Qué cosas serán ciertas si no cambia nada?

- ¿Qué cosas serán ciertas si nos convertimos en una organización innovadora? (Esto podría incluir estructurar la empresa para que sea lo más ágil y flexible posible, teniendo el menor número posible de sistemas rígidos).

➤ ¿Por qué queremos ser conocidos y por quién queremos ser conocidos?

- Que nos conozcan por algo más que "somos la empresa más innovadora de nuestro sector". Sea específico. Una empresa de restauración de aguas naturales se especializaba en la limpieza de vertidos de petróleo en grandes masas de agua. Podría haber seguido siendo grande dentro de ese nicho, pero al convertirse en una organización de innovación, quería ser conocida por sus innovaciones en la química que restaura los ecosistemas acuáticos dañados en todo el mundo. Esta visión ampliada dio lugar a nuevos mercados que incluían el tratamiento del agua en hábitats naturales dañados por catástrofes y la recuperación de regiones afectadas en regiones extremas del norte y el sur debido al cambio climático.

➤ ¿Cuál será la prueba de que nos hemos convertido en una organización innovadora según la perciben las personas y comunidades a las que servimos y nuestro personal?

- ¿Qué quiere que digan de usted estos públicos? ¿Qué dicen ahora?

➤ ¿Cuál será el impacto tangible de nuestra organización de innovación en el mundo que nos rodea y a nivel global?

- La empresa especializada en vertidos de petróleo podría ver cómo florece la fauna salvaje o cómo disminuyen las hospitalizaciones por enfermedades transmitidas por el agua tras las catástrofes.

*Los líderes de las organizaciones deben tener cuidado de no limitarse a enunciar su visión, sino de ponerla a prueba sometiéndola al proceso de innovación. Hablaremos de ello en el próximo capítulo.*

No puedo exagerar la importancia de establecer una conexión emocional con el personal a través de de Objetivos de Innovación. De hecho, quizá sea el aspecto más difícil de cualquier declaración de intenciones. Una conexión significativa entre la Declaración de Propósito de la Innovación y lo que los miembros del personal hacen cada día ayuda a garantizar que su Declaración de Propósito de la Innovación se convierta en una idea viva y significativa y no en un accesorio corporativo que cuelga de algunas paredes de la oficina. La Declaración de Propósito de la Innovación debe citarse con regularidad, por ejemplo, al principio de cada reunión de equipo de proyecto, de departamento y de personal, en las reuniones de liderazgo, etc. Infundir una conectividad emocional hará que la Declaración de Propósito de la Innovación se convierta en una idea viva. Infundir conectividad emocional ayudará a garantizar que resuene entre el personal de ahora en adelante.

## Preguntas sugeridas sobre la conexión emocional

➤ ¿Por qué debería importarle al personal que seamos una organización innovadora?

- ¿Cómo el hecho de ser una organización de innovación da a los empleados más sentido en su trabajo?

- ¿De qué manera se beneficiará el personal al formar parte de una organización innovadora?

- ¿Cuáles son los adjetivos que queremos que los empleados utilicen dentro de cinco años para describir nuestra empresa? ¿Cómo la describen hoy?

➤ ¿Cómo describen actualmente nuestra empresa nuestros clientes y los habitantes de las comunidades a las que servimos? ¿Cómo queremos que la describan dentro de cinco años?

➤ ¿En qué se diferenciarán nuestros empleados de los de otras organizaciones?

➤ ¿En qué cambiarán nuestros clientes por haber hecho negocios con nuestra empresa?

➤ ¿En qué cambiarán nuestros socios al ser una organización innovadora?

- ¿De qué manera se sentirá el personal vinculado a la innovación?

- ¿Cómo podemos hacer que sea algo personal para ellos?

- ¿Cómo podemos crear una nomenclatura para los proyectos de innovación que cree una conexión emocional con el trabajo del equipo?

Dar al personal el permiso y la inspiración para crear algo mucho más grande que ellos mismos se convierte en el catalizador de nuevas áreas de crecimiento. Esta parte de la declaración de propósito de la innovación proyecta una visión no sólo de pensar "fuera de lo ordinario", sino de despertar el pensamiento. Este pensamiento abre posibilidades que van más allá del contexto actual en el que el personal trabaja cada día.

Un analista de cuentas debe sentirse tan capacitado para abordar su trabajo de forma innovadora como lo hace el jefe de desarrollo de productos. Las innovaciones de mejora continua son esenciales, pero cuando el personal puede visualizar sus contribuciones a innovaciones revolucionarias, más allá de lo que creen que es posible hoy, puede marcar la diferencia entre meras mejoras continuas e innovaciones transformadoras.

## Preguntas Catalizadoras para nuevas áreas de crecimiento

- ➤ ¿De qué formas nuevas e inesperadas serviremos a nuestros clientes y comunidades más allá de las actuales operaciones básicas de nuestra organización?

- ➤ ¿A qué nuevos clientes y comunidades podremos servir de forma innovadora?

- ➤ ¿Cómo impulsa la innovación la visión a largo plazo de nuestra organización en general?

- ➤ ¿De qué manera se apoyará a los empleados en sus esfuerzos por pensar como futuristas?

- ➤ ¿Cómo se animará a los empleados a probar cosas nuevas y cómo se les reconocerán sus esfuerzos?

# CREENCIAS

Fundamentos para creer lo que la organización piensa que es o debería ser cierto.

# FORMULACIÓN DE DECLARACIONES DEL TIPO "CREEMOS"

Una declaración de "Creemos" es como los valores fundamentales de su organización: articula lo que su organización cree sobre el trabajo, los clientes, el personal, la comunidad, el medio ambiente, la equidad, la diversidad y la inclusión, la atención, etc. Estos valores ayudan a explicar cuál es la posición filosófica de su empresa respecto a temas esenciales.

El mismo enfoque se adopta con la declaración "Creemos" en la innovación. Cuando surgen preguntas sobre cualquier aspecto de la innovación, desde las personas hasta los procesos, los proyectos, las prioridades, el rendimiento, etc., la declaración "Creemos" debe ser algo a lo que cualquier líder pueda recurrir en cualquier momento en busca de orientación.

La declaración aborda puntos específicos que deben existir y ser ciertos para que la innovación exista y florezca en su organización. Estos puntos pueden estar relacionados con las expectativas de las funciones de los líderes, las condiciones en las que puede prosperar la innovación, las condiciones que deben evitarse, la justificación de la importancia de la innovación como capacidad, cómo se evalúa el riesgo, la alineación sobre cómo ver la innovación en relación con otros departamentos y la justificación de la innovación que entra dentro de lo razonable y se conecta con la estrategia empresarial existente de la organización. Redacte su declaración "Creemos" de forma que sugiera que la innovación se integrará en la organización, acentuando sus aspectos positivos y aprovechando sus competencias básicas, y no como un complemento de actividades no relacionadas con la esencia de la empresa.

El "nosotros" de las declaraciones "Creemos" incluye a todos los miembros de la organización. Esto significa que la declaración no es sólo para el grupo de innovación, sino para toda la organización. No es algo en lo que sólo crean los encargados de "innovar", ni su apoyo es una condición para innovar. Esto no quiere decir que todo el mundo deba estar de acuerdo con ella o creerla, pero debería haber algo en la declaración que cualquier persona de la organización pueda leer y pensar: "Sí, eso tiene sentido para mí". Veamos tres ejemplos.

| CREEMOS | Creemos que todo el mundo tiene voz y es responsable de pensar de forma innovadora. | Creemos que nuestro trabajo requiere una mentalidad innovadora con perspectiva de futuro. | Creemos que existe un equilibrio óptimo entre estrategia y curiosidad. |
|---|---|---|---|
| ACTIVACIÓN DE LA CREENCIA | Todo el personal es responsable de su papel como innovadores en primer lugar y como colaboradores funcionales en segundo lugar. Todo el mundo está obligado a pensar de forma innovadora en cualquier puesto de nuestra empresa. | Establecer nuevos flujos de oportunidades mediante la creación de nuevos modelos de servicio debe estar impulsada por una búsqueda deliberada de oportunidades fuera del mapa sin perder de vista de dónde partimos. | Forjar una variedad de nuevos "futuros" debe hacerse dentro de un marco sólido de principios operativos y del proceso de innovación. Debemos confiar en el proceso que creamos. |

No todas las declaraciones "Creemos" son iguales. Algunas organizaciones tienen una declaración con un solo punto, una declaración con varios puntos o varias declaraciones con varios puntos. Que sea fácil de leer y digerir. Complicarlo en exceso sólo creará ambigüedad y eso puede confundir a su personal cuando surjan preguntas sobre la innovación y su práctica en su organización... y seguramente surgirán.

# MENTE

Relativas al cuerpo. El equipo de innovación: quiénes somos.

## DEFINIR EL PROPÓSITO DEL EQUIPO DE INNOVACIÓN, LOS ROLES Y NORMAS

El componente Mente de la Filosofía es un doble clic en las declaraciones de Propósito y "Creemos". Explica cómo el equipo de innovación se define a sí mismo y su(s) función(es), y cómo se relaciona con el resto del cuerpo corporativo. Recuerde del capítulo anterior que el equipo de innovación es el grupo de personas responsables en última instancia de la innovación en su organización, pero que no son los "dueños" de la innovación. El equipo de innovación enseña, entrena, asesora, anima a los empleados a utilizar el proceso de innovación, guía a los propietarios de proyectos a través de él y muestra cómo otros pueden participar en él e incluso enseñarlo a otros miembros del personal.

Piense en el equipo de innovación como una unidad propia con su propia personalidad, características y expectativas sobre cómo se comporta alguien de este equipo de innovación. Tal vez se pregunte por qué el equipo de innovación se comporta de forma diferente al resto del personal. La respuesta tiene que ver con la perspectiva. Deben estar protegidos de la atracción gravitatoria de la actividad principal para tener tiempo y espacio para pensar y probar cosas que las personas que gestionan la actividad principal simplemente no pueden hacer. Además, el equipo de innovación no debe ser evaluado con los mismos parámetros de rendimiento que el resto del personal.

Por eso es tan importante el paso de la Filosofía. El equipo de innovación es una unidad que capacita, equipa e inspira a los demás para pensar de forma innovadora y para innovar bien.

Considere lo siguiente: históricamente, las empresas han contratado en gran medida a "hacedores". El personal de la mayoría de las organizaciones representa a personas que hacen cosas. Suelen estar sobrecargados y faltos de recursos, y tienen más que hacer de lo que el tiempo o el dinero les permiten llevar a cabo. Están con la cabeza gacha, centrados en apoyar las operaciones semanales de su departamento. Si la gestión de las operaciones básicas consume todo el oxígeno de la organización, la innovación se asfixiará y morirá. Por lo tanto, debe crear intencionadamente funciones únicas para un equipo que tenga suficiente aire fresco para pensar en cómo crear y hacer crecer una organización innovadora.

En algunos casos, el "equipo" de innovación puede estar formado por una sola persona. No pasa nada. La misma Filosofía se aplica a ellos. Al principio puede ser incluso una función a tiempo parcial, pero la dirección debe proteger enérgicamente el tiempo que esta función dedica a la innovación y ser partidaria de que la capacidad crezca hasta convertirse en un puesto a tiempo completo. En última instancia, esta función unipersonal debería evolucionar hacia un equipo de personas, si eso es lo que se necesita.

Las funciones y responsabilidades del equipo de innovación también deben definirse claramente en una declaración de "Quiénes somos". Por ejemplo, una empresa minorista divide el trabajo de su equipo de innovación en cuatro categorías: Consultor, Facilitador, Educador y Simulaciones.

➤ **Consultor |** Esta función ayuda a los equipos a comprender cómo aplicar el proceso de innovación. A veces, los equipos inician el camino de la innovación sin haber realizado el trabajo de planificación previo que ayuda a garantizar el éxito del proyecto. Otras veces, un equipo puede quedarse atascado en una fase concreta del proceso de innovación y necesita ayuda para salir de ese atolladero. Esta función puede identificar los puntos ciegos que los jefes de equipo no ven.

➤ **Facilitador |** Este rol diseña y facilita sesiones y talleres de innovación que ayudan a los equipos a avanzar por el proceso de innovación de la manera más eficiente posible. Este rol trabaja con los líderes de equipo para planificar sesiones dirigidas a lograr un objetivo específico, que a menudo se determina con la ayuda de un consultor experto en las tecnologías apropiadas para sesiones virtuales o que cuenta con un socio que puede actuar como productor de la sesión. Las sesiones facilitadas son más efectivas que las dirigidas por el líder del equipo, ya que un facilitador experto puede hacer avanzar las conversaciones y mantenerlas centradas, presionar al grupo para que profundice cuando sea necesario y sacar a la luz temas necesarios que el líder puede sentirse incómodo planteando.

➤ **Educador |** Esta función prepara a los empleados para pensar como innovadores y les permite crear innovaciones utilizando el proceso de innovación. Un educador diseña planes de estudio y módulos de aprendizaje para los empleados. El educador también crea y organiza eventos basados en la innovación y que fomentan la cultura, como almuerzos de trabajo, ciclos de conferencias y talleres. La comunicación es clave en esta función. El equipo de innovación siempre debe transmitir historias inspiradoras e información convincente a toda la organización.

➤ **Líder de simulación |** La creación rápida de prototipos requiere recursos que puedan construir un prototipo y realizar múltiples simulaciones con él. Puede tratarse de un equipo de programadores, fabricantes cualificados o ambos. El papel de líder de simulación puede ser interno o externo. La empresa de venta al por menor mencionada anteriormente utiliza diseñadores y fabricantes con un taller in situ para construir cualquier cosa, desde bocetos de una idea hasta modelos a pequeña escala, construcción a tamaño real o realidad virtual. Sea cual sea el nivel de definición necesario para realizar simulaciones eficaces, este equipo puede hacerlo.

Con estas cuatro funciones claramente definidas, queda claro cómo el equipo de innovación sirve a la organización en su conjunto. De este modo, todos los miembros de la organización saben cómo interactuar con el equipo de innovación y qué servicios puede ofrecerles.

## MODELO DE INNOVACIÓN CENTRALIZADO O DESCENTRALIZADO

A continuación explicaremos las diferencias entre un modelo de innovación centralizado y uno descentralizado. Como ya se ha mencionado, alguien debe ser responsable de crear una organización de innovación. No nos equivoquemos, esta persona o equipo dedicado es esencial tanto si el modelo preferido es centralizado como descentralizado. En la práctica, la diferencia entre los dos modelos radica en cómo fluyen la innovación y las ideas dentro de la organización y en torno a ella. Desde el punto de vista filosófico, las diferencias entre ambos modelos son enormes y significativas. Veamos los pros y los contras de cada modelo.

| CENTRALIZADO | DESCENTRALIZADO |
|---|---|
| TODA innovación comienza, es gestionada y lanzada únicamente por el equipo de innovación. | La innovación es responsabilidad de todos los miembros de la organización. |
| **PROS** | **PROS** |
| GARANTIZA mejor que el proceso de innovación se mantenga y se aplique correctamente. | La colaboración es mucho más amplia y puede darse con más frecuencia. |
| Puede explorar una mayor variedad de opciones con mayor rapidez gracias a su separación de la organización central. | Es más probable que las ideas se adopten porque las personas más cercanas al trabajo forman parte de la ideación. |
| El proceso de innovación puede agilizarse gracias a la experiencia del equipo de innovación en la materia mediante la ejecución coherente del proceso de innovación. | Crea un ejército de innovadores cotidianos, lo que puede dar lugar a ideas transformadoras de mayor envergadura en todos los niveles de la organización. |
| **CONS** | **CONS** |
| A veces es difícil conseguir apoyo para ideas únicas, ya que se entregan a otro equipo para que las ponga en marcha y las apoye. | Equipar y educar al conjunto de la organización es una responsabilidad permanente y que requiere mucho tiempo del equipo de innovación. |
| Es posible que las ideas innovadoras no surjan de la organización en general porque existe una mentalidad de "no es mi trabajo". | Crear interés en la práctica constante del proceso de innovación puede resultar difícil cuando los presupuestos son ajustados. La innovación suele ser lo primero que se pierde en tiempos difíciles. |
| Se puede consumir tiempo y esfuerzo explorando innovaciones que no se ajustan a las prioridades de la organización. | El proceso de innovación puede diluirse con el tiempo a medida que los profesionales introducen sutiles cambios en el proceso para adaptarlo a sus necesidades específicas. |

El modelo más adecuado para su organización puede depender en gran medida de cómo esté organizada. Por ejemplo, si su estructura de gestión es más jerárquica, con niveles verticales de gestión y pocos responsables de la toma de decisiones, un modelo centralizado puede ser el más adecuado. Si su estructura de gestión es más plana, menos jerárquica y los derechos de decisión están distribuidos por toda la organización, un modelo descentralizado puede funcionar mejor.

Le animo a que considere en primer lugar el modelo Descentralizado. Es el modelo que más contribuye culturalmente a una organización innovadora. Una diferencia clave del modelo descentralizado es la oportunidad que ofrece a todos (empezando por los jefes de departamento) de utilizar el proceso de innovación para afrontar mejor los cambios y las perturbaciones que seguramente se presentarán en su camino. Recuerde que estar preparado y liderar el cambio y gestionar bien las perturbaciones son las razones clave para crear una organización de innovación en primer lugar. Descentralizar la aplicación de la innovación en toda la organización, bajo la dirección y el asesoramiento de un equipo de innovación dedicado, ayuda a garantizar que todo el mundo esté preparado para prosperar en tiempos de cambio.

# CONOCIMIENTO

Conciencia, comprensión,
reconocimiento y dominio.

# INICIAR EL PROCESO DE INNOVACIÓN

Es importante comenzar el proceso de innovación determinando el grado en que la innovación se convierte en parte integrante de la formación y educación continuas en su organización. Muchas organizaciones abordan este componente como una idea tardía y luego les resulta difícil conseguir apoyo y financiación al final del proceso, cuando más se necesitan los recursos y el apoyo. Si el personal se siente mal preparado para aplicar fácilmente los procesos de innovación a su trabajo, evitará adoptar la innovación como una capacidad e impedirá que se desarrolle una cultura de innovación.

Incluso si tiene a alguien responsable del aprendizaje y desarrollo del personal, la formación y educación en innovación son diferentes de cómo se aborda el desarrollo profesional en general. Existe una diferencia filosófica entre el aprendizaje y el desarrollo generales en una organización tradicional y el aprendizaje y el desarrollo de la innovación en una organización innovadora. Ahora, en esta fase inicial, es el momento de definir cuál será exactamente el papel de la formación y el desarrollo de la innovación en su organización.

Si su organización desea convertirse en una organización innovadora y lograr resultados innovadores significativos, entonces hay dos áreas de innovación que su personal debe comprender:

➤ **Educación:** concienciación y comprensión de los principios y procesos de la innovación.

➤ **Aplicación:** puesta en práctica efectiva de los principios y procesos de innovación.

La educación y la aplicación están conectadas y funcionan en un ciclo perpetuo. Una organización no puede convertirse en una organización innovadora sin aprovechar plenamente el potencial de su gente para ser los innovadores que son capaces de ser. Este potencial se realiza tanto a través de la formación como de la aplicación y el desarrollo.

Hablaremos más detalladamente de la formación y el desarrollo de la innovación y de la importancia de su carácter permanente en el Capítulo Seis (Permanencia). Por ahora, necesita definir el nivel de importancia que la formación y el desarrollo de la innovación tendrán en relación con otras actividades dentro de su organización. Le animo a que sitúe la formación y el desarrollo de la innovación al mismo nivel de importancia que sus iniciativas empresariales clave. ¿Por qué? El grado en que su organización sobrevivirá con éxito al cambio está directamente relacionado con el grado de preparación y capacidad de su personal para liderar con una mentalidad innovadora. Esto sólo es posible a través de una formación y un desarrollo continuos, reflexivos, atractivos y eficaces.

# LENGUAJE

Común y en acuerdo.

## FORMAR UN LENGUAJE COMÚN

Un lenguaje común es la base de toda cultura. Su organización no es diferente, y una cultura de la innovación depende especialmente de un lenguaje compartido. El proceso de innovación tiene muchas partes móviles y, sin un lenguaje común que vincule estas partes con el todo de forma coherente, la aplicación de los principios y procesos de innovación se diluye a medida que todo el mundo empieza a hacer el trabajo de innovación de forma cada vez más desconectada e individualista. Es habitual que las personas adapten los procesos establecidos a su estilo o enfoque personal. Cuando lo hacemos, la colaboración se rompe, las grandes ideas dejan de debatirse y la gente finalmente deja de ver el valor de invertir en capacidades de innovación. Cuando esto ocurre, la organización deja de producir innovaciones competitivas. Hemos visto este proceso en empresas como Blockbuster y Kmart. La empresa deja de ser relevante. El crecimiento se ralentiza, los beneficios disminuyen y, en última instancia, la empresa cierra sus puertas.

Un lenguaje compartido puede ayudar a crear barreras en torno al pensamiento y las actividades de innovación, de modo que se mantenga la integridad del proceso a largo plazo. El primer paso consiste en identificar las palabras que su organización utilizará en relación con la innovación, empezando por cómo se define la palabra "innovación". (Tenga en cuenta que esto es diferente de su propósito.) Definir la innovación para su organización ayuda al personal a saber cómo referirse a la innovación en las conversaciones cotidianas. El proceso puede ser tan sencillo como basarse en la definición de innovación de Merriam—Webster (1: una nueva idea, método o dispositivo, 2: la introducción de algo nuevo). Pero si su organización necesita más detalles o especificidad, tendrá que perfeccionar la forma de describir los distintos tipos de innovación.

## GLOSARIO DE TÉRMINOS DE INNOVACIÓN

Es importante reunir un glosario de términos que tengan que ver con la cultura de su empresa, las capacidades de innovación y el proceso de innovación de su empresa. El lenguaje común es el pegamento que une pensamientos e ideas y hace que el intercambio de ideas sea fluido. Su glosario podría incluir lo siguiente. No es raro que el glosario siga creciendo con el tiempo.

| CULTURAL | CAPACIDADES |
|---|---|
| Inclusión | Innnovación |
| Colaboración interna | Proceso por pasos |
| Colaboración externa | Practicante |
| Mentalidad innovadora | Reunir |
| Confianza | Examinar |
| Métricas de humildad | Ideación de prototipo |

*Más de 100 términos en https://www.viima.com/innovation—glossary*

## EL MODELO DE LOS TIPOS DE INNOVACIÓN

El modelo que figura a continuación sugiere cuatro tipos de innovación: Rutinaria, Rompedora, Disruptiva y Transformadora. ¿Por qué es importante distinguir entre los tipos de innovación? Ser consciente de qué tipo de innovación se está llevando a cabo brinda la oportunidad de debatir sobre cómo se asignan los recursos y dónde deben y no deben producirse compensaciones. Veamos más detenidamente el modelo de tipos de innovación que figura a continuación.

NEW
5

CAPABILITIES

**BREAKTHROUGH**
Do brand-new things to make
the good things better

**TRANSFORMATIONAL**
Do brand-new things in
brand-new arenas

**A**

2 | 4
1 | 3

**B**

**ROUTINE**
Do things to keep the
good things going

**DISRUPTIVE**
Take what we do best
in the new arenas

1

EXISTING
1

**ORGANIZATIONAL MODEL**

NEW
5

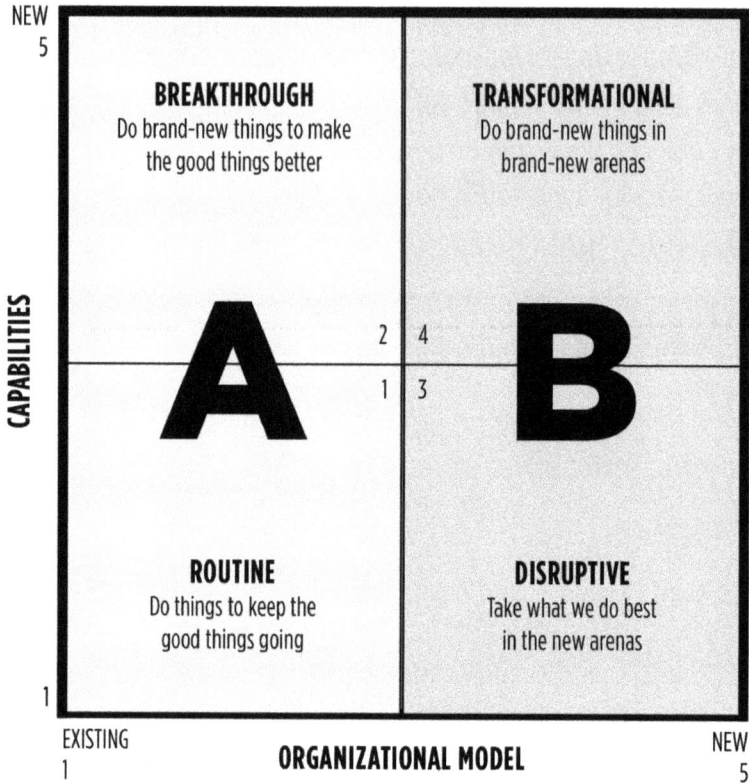

**A — INNOVATIONS**
Focus is on near-term
innovations that sustain growth
for the core organization.

**B — INNOVATIONS**
Focus is on foundations of
future growth based on the
2030 audience journey map.

*Adaptado de The innovator's Dilema.*[17]

El valor de implantar un Modelo que Defina la Innovación
como éste es que todo el trabajo de innovación que se está llevando
a cabo puede visualizarse trazando los proyectos actuales entre los
cuatro cuadrantes. Así es como funciona.

## Eje horizontal

➤ **Paso 1:** Escriba el nombre y una breve descripción de proyecto en una tarjeta o nota adhesiva.

➤ **Paso 2:** Puntúe cada proyecto según el grado en que requiera que la organización realice algún tipo de cambio para completar el proyecto con excelencia. Si un proyecto puede alcanzar cómodamente su objetivo dentro de la estructura organizativa actual tal y como está, sin cambiar nada, asígnele un valor de 1. Si un proyecto requiere que se cree una nueva suborganización o entidad o que se asignen determinados recursos de forma diferente, asígnele un valor de 5.

➤ **Paso 3:** Coloque la ficha de proyecto en la parte inferior del eje horizontal según su valor numérico.

## Eje vertical

➤ **Paso 4:** Puntúe cada proyecto según el grado en que se requieren nuevas capacidades para completarlo. Si el proyecto no requiere nuevos recursos (por ejemplo, nueva tecnología o talento altamente cualificado), asígnele un valor de 1. Si el proyecto requiere una inversión significativa en capacidades totalmente nuevas, asígnele un valor de 5.

➤ **Paso 5:** Tome cada tarjeta de proyecto del eje horizontal y desplácela verticalmente según su puntuación de capacidades. (Nota: Mueva las tarjetas de proyecto verticalmente como si fuera un ascensor, asegurándose de que no haya dos tarjetas en el mismo plano horizontal).

## Interpretar los resultados

Al final del ejercicio, dispondrá de una representación visual del tipo de innovaciones que están en juego actualmente, y cada una de ellas deberá reconocerse por el tipo de innovación que es. No todos los proyectos de innovación serán transformacionales. ¿Rutina significa menos importante? En absoluto. Simplemente significa que es probable que su organización dedique la mayor parte de su tiempo a proyectos de mejora continua. La innovación rutinaria es fundamental para la salud continua de la actividad principal. Todos los proyectos, independientemente de su naturaleza, deben empezar por comprender exactamente cuál es el problema y si es el problema correcto que hay que resolver. La pregunta es, ¿cuántos proyectos de innovación deberían entrar en los cuadrantes B, si es que hay alguno?

*En algún momento, nos encontraremos ante un cambio demasiado complejo para resolverlo con innovaciones de tipo A o ante una oportunidad que sólo puede aprovecharse con innovaciones de tipo B.*

Definir los distintos tipos de innovaciones mediante el establecimiento de un lenguaje común facilita el reconocimiento de los movimientos que son (y no son) necesarios para gestionar con éxito el cambio y la disrupción. Otras oportunidades para establecer un lenguaje común incluyen los pasos del proceso de innovación que cree. Hablaremos del proceso de innovación en el próximo capítulo.

# EL GRÁFICO DE ÁREAS DE INNOVACIÓN

Otra forma de ver los proyectos es empleando el diagrama de áreas de innovación. Analizar los proyectos en función de cómo emplean las capacidades y hasta qué punto cambian el modelo empresarial aporta claridad sobre en qué se gasta la mayor parte de los recursos de la organización. Aunque el equilibrio puede variar según el sector, una referencia común a tener en cuenta es que el 70% de los proyectos son de rutina, el 20% son de avance y el 10% son de transformación. El nivel de dificultad, la cantidad de riesgo y la cantidad de tiempo que llevará el proyecto aumentan desde el área de Rutina hasta el área de Transformación.

Tome todos los proyectos que componen el presupuesto anual de su organización y represéntelos en el gráfico de áreas de innovación. Comprenderá rápidamente en qué tipo de innovaciones invierte su organización.

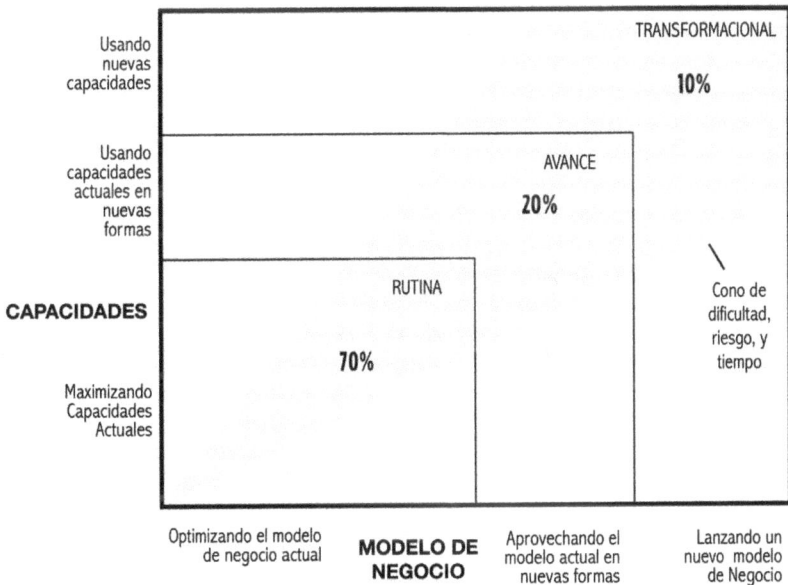

Adaptado de McKinsey & Company's Los tres horizontes del crecimiento.[18]

# VALOR

Asignar valor y juzgar
la utilidad.

# CREACIÓN DE MÉTRICAS DE INNOVACIÓN

La innovación es mucho más que una lluvia de ideas. Es una inversión de tiempo y energía que debe medirse en comparación con otros trabajos en los que ese mismo tiempo y energía podrían haberse empleado mejor. Asignar un valor a la innovación puede ser todo un reto.

## Preguntas sugeridas para medir el rendimiento no financiero de la innovación

➤ ¿Qué valor debemos asignar a la resolución de un problema o al aprovechamiento de una oportunidad?

➤ ¿Cómo medimos el éxito de una idea?

➤ ¿Cómo medimos lo bien que ejecutamos el proceso de innovación? Cuáles son los méritos de la singularidad y la creatividad de una idea? ¿Qué tan bien se ejecuta el proceso?

➤ ¿Hasta qué punto es sostenible la innovación?

➤ ¿Cómo sabemos cuándo nuestro personal está innovando bien? ¿Cuántos miembros del personal lo están haciendo? ¿Con qué rapidez avanzan en el proceso? ¿Cuál es su actitud al respecto?

➤ ¿Cómo evaluamos la calidad de la colaboración en torno a nuestra organización?

➤ ¿Cómo debemos gestionar los proyectos que no cumplen las expectativas?

¡Estas preguntas son sólo el principio!

Hay que ser muy prudente a la hora de medir la innovación. La innovación no es como otras funciones de una empresa. Es algo más que lo que se hace. También se trata de cómo se piensa sobre lo que se hace. La evaluación del trabajo de las operaciones básicas suele plantearse en términos de diferencias de rendimiento. ¿Cómo le ha ido a la empresa en comparación con lo que pensaba que le iría? ¿Cómo puede reducir los costes y el despilfarro al tiempo que aumenta la eficiencia de sus procesos básicos? Si bien algunos aspectos de la innovación pueden y deben medirse en términos de brechas de rendimiento, muchos aspectos de la innovación disruptiva y transformacional deben considerarse en términos de brechas de posibilidades.

## Preguntas sugeridas para medir el valor de la brecha de posibilidades

➤ ¿Hemos identificado con precisión a nuestro público más importante?

➤ ¿En qué medida servimos a nuestro público más importante abordando su mayor necesidad a satisfacer, problema a resolver u obstáculo a superar?

➤ ¿Cuál fue el número de proyectos de innovación que se pusieron en marcha este año? ¿Está aumentando o disminuyendo el número con respecto al año pasado?

➤ ¿Cuál fue la calidad del valor de cada proyecto para su público?

➤ ¿En qué medida demostraron los proyectos una visión de lo que es posible, más allá de lo que suele ser previsible?

➤ ¿Cuáles fueron las pruebas de excelencia de cada proyecto de innovación y en qué medida se reflejaron en la solución final?

## POR QUÉ SON IMPORTANTES LAS MÉTRICAS

Más allá del valor declarado de las medidas de la Brecha de Rendimiento y la Brecha de Posibilidad, existen otros beneficios de medir la innovación, como:

➤ Fomentar el compromiso

- A la gente no le interesa ver un partido de fútbol sin un marcador. Las métricas proporcionan una razón para seguir participando en el juego y continuar trabajando hacia un objetivo establecido. Las métricas adecuadas crean acciones centradas y claras.

➤ Establecer dirección

- Las personas saben que están en el camino correcto cuando se les presentan valores que demuestran que están moviendo las cosas en la dirección correcta (o incorrecta).

➤ Reducir el juicio

- Los números no mienten. Es menos probable que las personas se formen opiniones subjetivas sobre el valor de un proyecto cuando se les ofrecen datos cuantificables válidos. El rendimiento del equipo hablará por sí mismo a través de tales métricas, haya o no acuerdo con que tan "agradable" es la idea.

### Características de las métricas de innovación

Como cualquier dato utilizado para medir las decisiones empresariales, las métricas de innovación deben tener las siguientes características:

➤ **Cuantificables**— Hay algo sobre el valor de cada innovación que se puede calcular, desde las ventas de nuevos productos y los márgenes de ganancia hasta las ganancias de eficiencia en tiempo, calidad o costes, pasando por la satisfacción y el compromiso de los empleados, por nombrar algunos.

➤ **Verificable**— Los datos deben ser válidos y precisos, y deben utilizarse las mismas fórmulas de forma coherente.

➤ **Comprensibles**— Que la información sea de fácil acceso y consumo.

- Incluir la línea de base, la línea de tendencia y la meta.

- Proporcionar una leyenda clara y unidades de medida definidas.

- Proporcione de forma proactiva explicaciones a las preguntas más frecuentes.

## MEDIR EL FRACASO

Otra métrica común asociada a la innovación es la tasa de fracaso. Durante años, los innovadores han intentado convencerse a sí mismos y a los demás de que el fracaso es algo bueno. Este concepto ya se ha tratado anteriormente, pero vale la pena repetirlo. Los humanos estamos programados para evitar el fracaso a toda costa. Fracasar es malo. No fracasar es bueno.

En lugar de perder tiempo y energía intentando convencer al personal de que fracasar es bueno, cambie el discurso. Hable en términos de resultados inesperados e incorpore estos a su lenguaje común.

### *La idea de resultados inesperados es el opuesto positivo de la connotación negativa del fracaso.*

En lugar de intentar reducir los fallos a cero, queremos que aparezca el mayor número posible de resultados inesperados. Los resultados inesperados descubiertos durante la creación de prototipos nos indican las áreas en las que es necesario perfeccionar la idea. Una vez realizados los ajustes iniciales, volvemos a solicitar la opinión del público y observamos y escuchamos si se producen más resultados inesperados. Seguimos perfeccionando e iterando hasta que ya no haya resultados inesperados. En ese momento, la idea se ha refinado al máximo y está lista para su despliegue. Aunque el proceso iterativo puede alargar los plazos del proyecto, no hay que criticarlo porque es mucho mejor desplegar tarde una idea que ha tenido éxito que introducir a tiempo una innovación que no lo ha tenido.

Nadie quiere lanzar ningún tipo de innovación que no cumpla las expectativas. Descubrir resultados inesperados puede reducir las posibilidades de que no se cumplan. Mida cada proyecto por el número de resultados inesperados descubiertos y reconozca a los equipos lo bien que los han explotado, aunque ello haya alargado los plazos del proyecto.

Definir la filosofía de la innovación en su organización puede determinar todos los aspectos de su cultura de innovación. La innovación no es sólo algo que hace; refleja quién es la empresa en su alma. Debe existir un suelo cultural fértil de innovación para que las semillas de la innovación crezcan y den fruto.

¿QUIÉN será usted como organización innovadora?

¿CÓMO describirán su carácter innovador sus empleados, proveedores, competidores y clientes?

QUÉ cree su organización sobre la innovación determinará la calidad de los comportamientos que conducen a la consecución constante de innovaciones de éxito.

CÓMO se estructura la innovación dentro de su organización determina el alcance de su influencia. Si el objetivo es convertirse en una organización innovadora, todos los miembros de la organización deben comprender y apoyar los temas tratados en este capítulo.

# APLÍCALO

¿Hasta qué punto estoy dispuesto y soy capaz de liderar la transformación de nuestra cultura en una cultura de innovación? ¿Qué es lo que más me entusiasma? ¿Qué es lo que más temo?

¿Cuánto tiempo estoy dispuesto a concederme para llevar a cabo esta transformación en una organización innovadora?

¿Qué equipo de personas debo reunir para crear nuestra filosofía de innovación y para cuándo? ¿Qué directivos la apoyarán? ¿Qué directivos se opondrán y por qué? ¿Cómo superar las objeciones?

# 4

# PROCESO

En este capítulo presentaremos un proceso para hacer realidad la innovación en su organización. Antes de analizar cada paso del proceso de innovación, debemos abordar la importancia del trabajo en equipo.

Si el equipo del proyecto no se alinea correctamente antes de iniciar el proceso de innovación, es probable que el resultado tarde más tiempo y no aporte el valor que podría haber aportado si se hubiera producido primero la alineación del equipo.

La alineación consta de varios elementos, como el propósito compartido, las normas (expectativas de comunicación, asistencia a las reuniones, resolución de conflictos, etc.), la claridad de funciones, los derechos de decisión, las dependencias, los plazos, los hitos de entrega, etc. La alineación es un proceso esencial dentro de un proyecto de innovación. Hacer equipo es un proceso esencial dentro de un proceso.

Recordemos la historia de Jaime del capítulo dos. Dirigía un proyecto de desarrollo de un nuevo producto para cocinas comerciales. Una tarde, Jaime recibió una llamada de su jefa. Le dijo que el equipo directivo había decidido emprender un nuevo proyecto de desarrollo de productos y que él había sido elegido para dirigirlo. Enumeró a ocho personas que debían formar parte del equipo. Habían sido seleccionadas por la naturaleza interfuncional de sus funciones y por la contribución que la dirección creía que podían aportar al proyecto. Sería decisión de Jaime si se añaden más miembros.

Lo primero que hizo Jaime fue reunir al nuevo equipo en una reunión inicial. En esta reunión inicial, preguntó al equipo cuál creían que era el objetivo del proyecto, qué valor aportaba cada uno al proyecto, cuál era su papel como miembro del equipo y quién más debía formar parte del equipo. Cada miembro se esforzó por responder a las preguntas. A la hora de decidir a quién más había que incluir, el equipo propuso a ocho personas más. Ahora el equipo era el doble de grande y nadie tenía claro por qué estaban allí ni qué función desempeñaban. Trabajar en el proceso de innovación en este punto tendría un resultado desastroso.

Esta situación es más habitual de lo que parece. Muchas veces, se pide a la gente que dirija proyectos que se definen sólo por el entregable (el "qué"), y no se les da orientación sobre el "cómo". Corresponde al jefe de proyecto asegurarse de que el equipo está lo suficientemente alineado como para no perder el tiempo buscando respuestas a preguntas que deberían haber sido contestadas de antemano. Los proyectos se convierten en fuentes de frustración para el equipo y los directivos cuando la innovación y los equipos luchan entre sí. Antes de lanzarse al proceso de innovación, tómese el tiempo necesario para aplicar unos principios básicos de trabajo en equipo eficaz.

# NUEVE DIMENSIONES DEL ÉXITO DEL TRABAJO EN EQUIPO

1.  **Propósito |** Los equipos exitosos comienzan con un propósito y una visión de éxito claros. Tener una misión clara y acordada ayuda a definir por qué existe el equipo y permite la creación y ejecución de estrategias. Cuando todo el equipo entiende y está de acuerdo con el propósito, crean un sentido de significado compartido, y el equipo puede tener un impacto más significativo.

2.  **Contexto |** Para tener éxito, cada equipo debe comprender el contexto más amplio de cómo encajan en la organización y de dónde procede la necesidad del equipo. Los equipos deben comprender el reto empresarial, las interdependencias que tienen con otros grupos y lo que quiere el cliente. Cuando los equipos comprenden cómo encajan en el panorama general, sus miembros tienden a involucrarse más en el resultado. Necesitan menos orientación externa y se vuelven más autónomos, trabajando de forma proactiva para abordar los problemas y los obstáculos en lugar de esperar instrucciones.

3.  **Estructura |** La estructura define el talento, establece las funciones y responsabilidades y describe el proceso de toma de decisiones. La estructura debe describir el papel del jefe de equipo, las responsabilidades de cada miembro y el grado de colaboración del equipo. La creación de una estructura en torno a cómo se toman las decisiones y cómo se resuelven los problemas son factores críticos para el éxito de todo equipo.

4. **Personas y recursos |** Conocer los recursos potenciales y el talento existente es esencial para implementar el propósito de un equipo. Los recursos incluyen tiempo, equipos, suministros, información, presupuesto y, lo que es más importante, personas. Un inventario de las destrezas, habilidades y conocimientos existentes o necesarios es una parte importante y continua del buen funcionamiento del equipo a medida que los objetivos cambian y evolucionan. A la hora de seleccionar a los nuevos miembros del equipo, busque personas que no se parezcan a usted ni a otros del equipo, con el fin de eliminar carencias de habilidades y crear nuevas fortalezas. Si todos los miembros de su equipo fueran excelentes en las mismas cosas, no habría nadie que se ocupara de lo demás. Los grandes equipos tienen un grupo diverso de personas, conjuntos de habilidades y antecedentes. Los equipos diversos resuelven antes los problemas porque aportan una variedad de ideas que les permite elegir la mejor solución con mayor rapidez.

5. **Planificación |** La planificación traduce el propósito en acciones cotidianas, y cuanto más completa sea la planificación, menos repeticiones habrá. Crear planes de trabajo específicos y mensurables implica identificar tareas, secuenciadas de forma útil y asignarlas a los miembros del equipo con fechas de entrega y puntos de control.

6. **Moral |** La implicación y el compromiso individual y de equipo son factores subyacentes críticos para el éxito que favorecen el desarrollo de un equipo de alto rendimiento. Cuando los miembros del equipo tienen la moral alta, están más comprometidos, se esfuerzan por superar los obstáculos y creen que el equipo puede tener éxito. El reconocimiento

de los esfuerzos y la comprensión de las motivaciones personales por parte de los líderes del equipo, la comprensión del contexto, el propósito más amplio y la participación activa del equipo en las actividades impulsan un fuerte compromiso del mismo.

7. **Operaciones** | Las operaciones son los procesos y comportamientos del equipo que permiten una dinámica de equipo altamente funcional. Estos procesos de equipo incluyen la productividad de las reuniones, la recompensa y el reconocimiento, el aprendizaje y el desarrollo, y la gestión del rendimiento. Establecer procesos de equipo saludables es esencial para evitar comportamientos orientados hacia uno mismo, como culpar a los demás, retraerse o competir contra los demás. Estos principios operativos establecen las reglas de compromiso y crean una mentalidad de mejora continua.

8. **Comunicación** | Establecer procesos de comunicación sanos y abiertos es vital para el éxito del equipo. Esto incluye garantizar un diálogo significativo, definir los métodos adecuados (correo electrónico, mensajes de texto, teléfono) y compartir información con frecuencia. Determinar cómo dar retroalimentación y resolver conflictos es también una parte esencial de los procesos de comunicación de cada equipo, junto con los momentos adecuados para colaborar.

9. **Resultados** | Todo equipo de alto rendimiento se centra en lograr resultados de alta calidad. Los grandes equipos tienen claros sus resultados y la forma de medir los efectos deseados en el negocio y en las personas. Progresan con eficacia, demuestran los resultados a los directivos y se esfuerzan por alcanzar altos grados de excelencia.[19]

Nunca se insistirá lo suficiente en la importancia de trabajar bien en equipo. De ello puede depender el éxito del proyecto y que la innovación llegue a implantarse. Incluya la formación de equipos en el plan del proyecto y deje tiempo suficiente para que surjan conversaciones aclaratorias y para buscar respuestas que eliminen las ambigüedades. Sólo los equipos sanos y de alto rendimiento innovan bien.

## ORIGEN Y BENEFICIOS DEL PROCESO DE INNOVACIÓN

Con un equipo sólido formado y listo para aplicar su proceso de innovación, exploremos primero el núcleo de cualquier proceso de innovación: el design thinking *(pensamiento de diseño)*. La fundación para la interacción del diseño (*The Interaction Design Foundation*) define el design thinking de la siguiente manera:

> *"El Design Thinking es una metodología de diseño que proporciona un enfoque basado en soluciones para resolver problemas. Resulta útil para abordar problemas complejos mal definidos o desconocidos, comprender las necesidades humanas implicadas, replantear el problema centrado en el ser humano, crear muchas ideas en sesiones de lluvia de ideas y adoptar un enfoque práctico en la creación de prototipos y pruebas". Las cinco etapas del Design Thinking, según el Instituto Hasso—Plattner de Diseño de Stanford (d.school), son las siguientes: Empatizar, Definir (el problema), Idear, Prototipar y Probar".* [20]

Es importante conocer estas etapas básicas para poder crear el proceso de innovación que mejor se adapte a su organización sin dejar de ser fiel a los principios del Design Thinking. Algunas empresas tienen etapas adicionales, como Validar, Lanzar y Poner en marcha. Otras pueden dividir una etapa determinada en varias sub—etapas. La cuestión aquí es no crear un proceso de innovación para su organización sin incorporar las cinco etapas principales del Design Thinking.

La innovación suele entenderse erróneamente como un proceso creativo. Aunque la resolución creativa de problemas forma parte de él, el proceso de innovación es un ejercicio sólidamente estratégico. Dos de las preguntas más importantes que debe hacerse cualquier líder de una organización son: 1) ¿Estamos haciendo lo correcto? y 2) ¿Estamos haciendo las cosas correctamente? Son preguntas profundamente estratégicas, y el proceso de innovación les da respuesta. A medida que lea, piense en el proceso de innovación como un método no sólo para lograr innovaciones específicas a nivel de proyecto, sino también para la planificación estratégica a corto y largo plazo.

Entre otras muchas, las principales ventajas del proceso de innovación son la claridad y la concentración. Esto se debe a que, en cada fase del proceso de innovación, debe preguntarse si tiene la claridad y el enfoque suficientes antes de pasar a la siguiente fase. La tendencia natural de muchos proyectos es alejarse del alcance original del trabajo y transformarse en algo ligeramente distinto que desvía el trabajo del objetivo. El proceso de innovación permite frustrar posibles desviaciones proporcionando un punto de referencia seguro y creíble mediante un conocimiento profundo del público para el que se diseña y de sus necesidades y oportunidades más importantes.

He aquí un ejemplo típico. A medida que se comparten las ideas, sobre todo con el equipo directivo a quienes les gusta añadir ideas, la gente hará sus propias aportaciones creativas y sugerencias del tipo "también deberíamos hacer esto" y "no estaría bien si...". Esta situación plantea dos problemas. Uno, la gente tiende a retener la propiedad de sus ideas y a resistirse a asignar el destino de su idea a otros. En segundo lugar, las personas, especialmente los altos directivos, creen que sus ideas son buenas y deben ocupar un lugar destacado en el debate sobre la innovación.

Contar con un proceso de innovación permite medir los méritos de las ideas complementarias en función de su adecuación a los criterios establecidos y definidos por el proceso de innovación. Sin un proceso de innovación establecido, el mérito de una idea complementaria no es más que una diferencia de opinión y la discusión sobre si se debe incorporar o no suele ganarla la persona que ostenta el título más alto, lo que da lugar a un desvío del alcance, confusión y ambigüedad.

Aunque todas las ideas son bienvenidas, todas deben medirse en función de los conocimientos imparciales que genera el proceso de innovación. Esta perspectiva ayuda a evitar que el proyecto de innovación pierda su claridad y enfoque, y permite que el proceso funcione con eficacia y eficiencia, libre de influencias externas menos informadas.

Pedí a 30 profesionales de grandes empresas de diversos sectores que describieran el proceso de innovación de su organización. La mitad de ellos presentaron 15 procesos de innovación diferentes. (La otra mitad no sabía si su empresa tenía un proceso o dónde encontrarlo. Abordaremos esta cuestión en el capítulo 6).

Llegados a este punto, es posible que piense: "Pensaba que la innovación era un proceso universal". Pues tiene razón. Aunque el proceso de hacer innovación tiene aspectos de design thinking que deberían estar presentes independientemente del sector, es lo suficientemente flexible como para que cada organización pueda crear su propia versión del proceso de innovación que mejor se adapte a su modelo de negocio y a su cultura. El marco analizado en este capítulo representa los componentes básicos del proceso de innovación, así como los estilos de pensamiento y la forma de abordar cada etapa. El aspecto que tenga en su organización depende de usted.

El proceso de innovación debe gestionarse debidamente. Una etapa del proceso no puede desconectarse del resto. Si eso ocurre, el proceso se desmorona y cesa la innovación. Hay que dedicar todo el esfuerzo y la atención a cada etapa para que el proceso alcance todo su valor. Cuáles serán los criterios para pasar de una etapa a la siguiente y a quién corresponde esa decisión son sólo algunas de las cuestiones clave que debe gestionar el director del proyecto. El proceso de innovación siempre ha funcionado y siempre funcionará. Si un proyecto no tiene éxito, la causa no estará en el proceso, sino en cómo se ha gestionado.

## LOS TIPOS DE PENSAMIENTO Y EL PROCESO DE INNOVACIÓN

Observará que en mi análisis de cada etapa incluyo el tipo de pensamiento correlativo. Hay cuatro tipos de pensamiento diferentes que se correlacionan con cada etapa del proceso de innovación: Investigador, Inventor, Inversor e Implementador. Será importante conocer los tipos de pensamiento del equipo del proyecto para asegurarse de que no se inclina por ninguno en particular.

La mayoría de nosotros somos capaces de pensar en cualquiera de los cuatro tipos de pensamiento en un momento dado. Sin embargo, es probable que tengamos un tipo de pensamiento dominante. Si tuviera que elegir funcionar con un solo tipo de pensamiento durante todo el día, ¿cuál le dejaría más energía al final del día? Ese tipo de pensamiento es el dominante. ¿Qué tipo de pensamiento es usted?

Aquí tienes las características de cada uno:

## Investigadores

➤ Tienen una curiosidad insaciable dinamizada por la necesidad de "saber"

➤ Eran los niños que siempre preguntaban "por qué"

➤ Profundizan en comprender todo sobre aquel tema en el que están interesados.

➤ Disfrutan trabajando con la estructura y el proceso porque produce una mejor comprensión.

➤ Son exploradores empáticos quieren saber cómo es "caminar en sus zapatos"

➤ Etapa de mayor energía: Descubrimiento

## Inventores

➤ Tienen una curiosidad impulsada por la satisfacción que produce explorar.

➤ Eran los niños que siempre se preguntaban "por qué no".

➤ A menudo piensan en formas de hacer que las cosas que aprenden o experimentan funcionen mejor.

➤ Prefieren trabajar sin estructura pero sobresalen cuando los objetivos y los límites están claros (causa raíz).

➤ Experimentan una sensación de logro cuando combinan cosas no relacionadas para hacer algo nuevo.

➤ Etapa de mayor energía: Diseño

## Inversores

➤ Son creadores de redes de contactos con visión de futuro

➤ Conectan los puntos y ven relaciones en torno a conceptos e ideas antes que los demás.

➤ Suelen ser la voz de la realidad que identifica los obstáculos potenciales en relación con las nuevas ideas.

➤ Analizan situaciones y definen diversas consecuencias potenciales, tanto positivas como negativas.

➤ Son personas que toman decisiones de forma más calculada y que a menudo intentan involucrar a otras personas para que aporten su punto de vista.

➤ Etapa de mayor energía: Desarrollo (también la evaluación de ideas en la fase final del diseño)

## Implementadores

➤ Están orientados a la acción.

➤ Harán lo que sea necesario para alcanzar un objetivo porque no les gusta fracasar.

➤ Requieren la información justa para creer que lo que se les pide vale la pena.

➤ Están orientados al detalle y tienen una gran capacidad de gestión de proyectos.

➤ Son adaptables y capaces de hacer cambios sobre la marcha.

➤ Etapa de mayor energía: Despegue.

Es esencial conocer los tipos de pensamiento dominantes de su equipo, ya que determinados tipos de pensamiento en etapas concretas de la innovación aportan más valor que otros tipos. Por ejemplo, los Investigadores prosperan cuando pueden entrar en los detalles de las necesidades, dolores y obstáculos (NDOs) y descubrir la raíz del problema. Se trata de un arma poderosa en la fase de descubrimiento. Sin embargo, pueden aburrirse con el proceso creativo y desengancharse en la fase de diseño.

La conciencia del tipo de pensamiento es importante porque, cuando se trabaja en el proceso de innovación, se puede demostrar involuntariamente un comportamiento poco saludable en las sesiones que no estimulan el tipo de pensamiento dominante. En la medida en que sea consciente de sus tendencias y de cómo puede mostrarse, podrá ajustar su mentalidad hacia comportamientos más productivos. Los equipos de innovación más eficaces son los que están formados por un equilibrio entre los cuatro tipos de pensamiento. (Para una explicación detallada de los comportamientos saludables y no saludables según el tipo de pensamiento, consulte el cuadro del Apéndice).

Este es un diagrama de un proceso genérico de innovación:

*El origen del modelo 4D (Discover, Define, Develop, Deliver) se encuentra en los contenidos del British Design Council, IDEO y la Universidad de Copenhague, entre otros.*

## LA AUDIENCIA COMO NÚCLEO

Todo lo que ocurre en el proceso de innovación empieza por conocer a su audiencia (o consumidor o cliente; los términos son intercambiables y se refieren al grupo de personas para el que está diseñando la innovación). Independientemente de cómo los llame, es fundamental que defina a su público de forma lo suficientemente precisa como para que todos sus miembros compartan una necesidad común que satisfacer o un problema que resolver.

Por ejemplo, un director de un campamento de verano responsable de los programas para estudiantes de secundaria y bachillerato descubrió que, en general, la asistencia a grupos reducidos estaba disminuyendo. Si el director decide definir la audiencia como todos los estudiantes de secundaria y bachillerato, está asumiendo que todos los estudiantes de secundaria y bachillerato comparten exactamente las mismas necesidades que hay que satisfacer o los mismos problemas que hay que resolver. Sabemos que no es así. Tendrán que reducir la audiencia a un segmento dentro del conjunto más amplio (por ejemplo, los estudiantes varones de último curso de secundaria). La probabilidad de que este nuevo público más reducido comparta la misma necesidad o problema aumenta drásticamente. Centrarse en este tipo de perfiles es más eficaz que buscar ideas que puedan satisfacer algunas necesidades de algunas personas e ignorar otras más importantes.

El público desempeña un papel importante en el proceso de innovación. El tiempo y el esfuerzo que dedique a cada etapa serán más eficientes y eficaces si se centra claramente en una audiencia bien definida.

## La primer audiencia más importante

Como ocurre en muchas organizaciones, su empresa sirve a numerosas audiencias. Cuanto más estrechamente se definan estos públicos en sub—audiencias, más públicos habrá. También es común en muchas organizaciones que no haya suficientes personas ni recursos financieros para atender a todas las audiencias con excelencia simultáneamente. ¿Cómo determinar a qué público dirigirse primero, segundo, tercero, etc.?

Un método consiste en hacer una lista de todos los públicos (pueden ser 20 o más, dependiendo del tamaño de su organización o departamento) y priorizarlos primero por tamaño y luego por importancia. El tamaño es el número real de personas en cada grupo. La importancia es el significado que tiene el público para su organización.

El significado puede variar de una organización a otra. Para una organización, puede representar lo importante que es la audiencia para su crecimiento futuro. Para otra organización, la significación podría basarse en el grado en que la audiencia cumple la misión y el propósito fundamentales de la organización. Y para otra, la importancia puede representar el impacto que el público tiene en la promoción de la marca en sus círculos sociales.

Para ilustrar este concepto, veamos un ejemplo. Una empresa de restaurantes de comida rápida tiene docenas de públicos de clientes estrechamente definidos. Cuando prioriza estos públicos, las madres futbolistas representan un público que es a la vez grande en población (tamaño) y extremadamente importante para su negocio en términos de contribución a las ventas (importancia). Otro público al que sirve esta empresa de restaurantes son sus franquiciados. Un público de franquicia estrechamente definido son los franquiciados cuyo contrato tiene menos de tres años. Se trata de un público muy significativo porque el crecimiento futuro de la empresa depende de este grupo de franquiciados con menos antigüedad. No obstante, el número de estos franquiciados es bastante reducido en comparación con el total de franquiciados del sistema.

## HOW TO PRIORITIZE AUDIENCES

mucho

TAMAÑO

Mamás

Franquiciados

pocos

Baja    **IMPORTANCIA**    alta

**PASO 1:** Alinee todos los públicos en una fila a lo largo de la línea horizontal inferior. Priorícelos por importancia pero mantenga la configuración de la fila.

**PASO 2:** Priorice las Audiencias por Tamaño moviendo cada Audiencia verticalmente hasta que todas las Audiencias estén posicionadas verticalmente por Tamaño, manteniendo su orden de fila.

**REGLA:** No debe haber dos públicos en el mismo plano horizontal o vertical. Las audiencias deben estar ordenadas entre sí de forma que haya audiencias situadas en los cuatro cuadrantes.

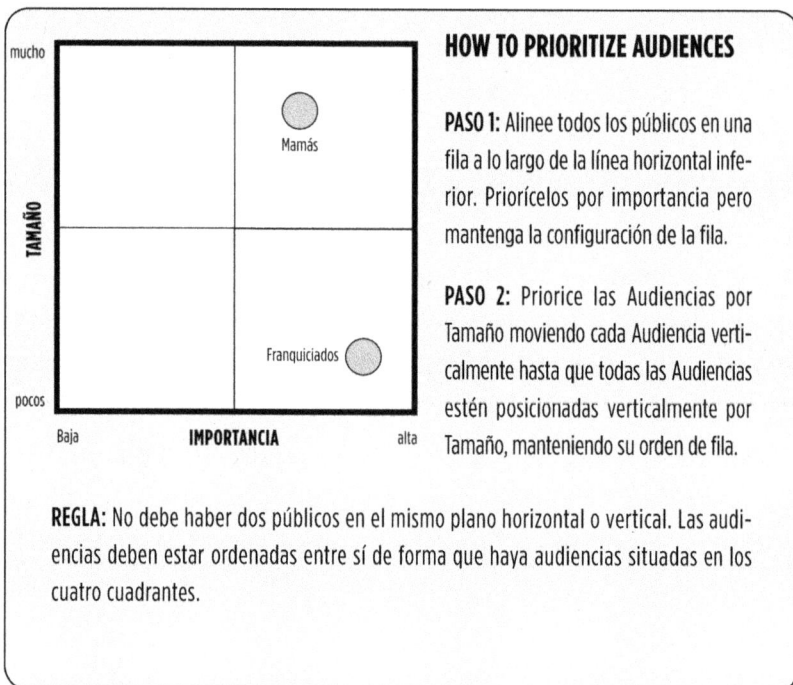

Tras priorizar todos los públicos (las audiencias) entre sí, concéntrese en los del cuadrante superior derecho. Seleccione un público de ese cuadrante que represente el grupo más numeroso con el mayor nivel de importancia. Ese público se convierte en la Primer audiencia Más Importante (PAMI). Tenga en cuenta que esta definición no resta importancia a las demás audiencias. Para ser eficaz, sólo puede centrarse en una audiencia a la vez (recuerde que uno de los objetivos del Proceso de Innovación es proporcionar claridad y concentración). Una vez que haya comenzado a tratar el PAMI a través del Proceso de Innovación, puede volver a tratar la segunda AMI (SAMI), luego el tercero, y así sucesivamente. Continúe hasta que haya abordado todos los públicos del cuadrante superior derecho.

## PRIMER ETAPA: DESCUBRIMIENTO

Una vez seleccionado la PAMI (primera audiencia de mayor importancia), el proyecto pasa a la Fase de Descubrimiento. La primera tarea de esta fase es elaborar declaraciones de descubrimiento y/o de oportunidad. Este enfoque está muy centrado en la audiencia: determinará quién es su PAMI y descubrirá la raíz de su Necesidad, Dolor u Obstáculo (NDO) más apremiante, y elaborará una Declaración de Descubrimiento.

La Declaración de Descubrimiento consta de cuatro espacios en blanco. A primera vista, parece un ejercicio sencillo. No se deje engañar por su sencillez. Cada espacio en blanco representa un trabajo importante. La validación de la información que se introduce en ellos es fundamental porque establece la trayectoria de todo lo que sigue.

## DECLARACIÓN de DESCUBRIMIENTO

Al considerar [                    ] (audience),

hemos descubierto que [                    ] necesidades/dolores/obstáculos),

causado por [                    ] (raíz del problema).

Si se soluciona, los beneficios de la audiencia serían [                    ].

El primer espacio en blanco es su PAMI. El segundo es la NDO de la audiencia. Tenga en cuenta que es probable que el público tenga más de una NDO. Descubrir varias NDO (necesidades, dolores o obstáculos) forma parte de las conversaciones productivas e inquisitivas con la audiencia. ¿Cómo saber qué NDO resolver primero? El proceso de priorización es similar al ejercicio de priorización de la audiencia. Esta vez, las NDO se clasificarán primero en función del impacto positivo que su resolución tendrá en la audiencia y, a continuación, en función del esfuerzo que requiera su resolución. Al priorizar las NDOs, concéntrese en las que están en el cuadrante inferior derecho porque representan **las necesidades (NDOs) con mayor impacto que requieren menos esfuerzo.** Considere únicamente las NDO que sean factibles desde un punto de vista realista y que estén dentro del ámbito de control del equipo.

Por ejemplo, si el equipo de seguridad está trabajando para mejorar la seguridad de los trabajadores de la construcción de carreteras y una de las NDOs de la audiencia de viajeros matutinos es que siempre hay obras en sus rutas, entonces esa NDO debe ser eliminada porque el equipo de seguridad no tiene control sobre qué proyectos de construcción ocurren o cuándo. Las NDOs deben ser algo que tú y tu equipo tengan autoridad/poder para resolver.

Clasifica las NDOs siguiendo el PASO 1 & PASO 2 del ejercicio anterior de Audiencia y aplica la misma regla.

**Resolver problemas va más allá de la resolución de problemas.**

Para que sea válido, no debe ser lo que usted cree que es la NDO de la audiencia, sino lo que la audiencia le ha dicho que es su NDO. Las entrevistas de empatía y/o la observación empática de la audiencia son esenciales. Muchas organizaciones recurren por defecto a las encuestas porque son más fáciles y rápidas. Las encuestas, sin embargo, no permiten hacer preguntas de sondeo valiosas como "Cuénteme más sobre eso", "¿Por qué realizó esa acción?" y "¿Qué piensa sobre eso?". Invertir el tiempo y la energía adecuados en conversaciones significativas con una muestra de la audiencia reportará grandes beneficios. Los conocimientos serán más ricos y la dirección más clara.

Incluso si cree estar seguro de saber cuáles son las NDOs, valide sus ideas con la audiencia directamente para confirmar que está en lo cierto. Si el objetivo no es exacto, el proyecto tomará una dirección equivocada y resolverá el problema equivocado, lo que puede resultar frustrante y costoso.

Preguntas a **considerar en la Etapa de Descubrimiento:**

➤ ¿Estamos resolviendo el problema correcto?

➤ ¿Para quién es un problema?

➤ ¿Estamos resolviendo la raíz causante del problema o un síntoma?

➤ ¿Cuáles son todos los problemas que podríamos estar resolviendo y cómo debemos priorizar el que tendrá mayor impacto con el menor esfuerzo?

➤ ¿Cómo lo sabemos?

➤ ¿Hemos intentado resolverlo antes?

El tercer espacio en blanco describe la raíz causante de la NDO. Piensa en la NDO como una expresión o manifestación externa de algo más profundo. Si la NDO es el síntoma, la raíz causante es lo que hay que tratar para eliminar el síntoma. A veces la audiencia puede ayudar a aflorar las condiciones subyacentes que están causando su NDO. Muchas veces, sin embargo, la Raíz Causante puede no ser algo que la Audiencia pueda articular (o incluso de lo que sea consciente) y puede que usted tenga que hacer más trabajo para llegar al fondo de la cuestión.

El cuarto espacio en blanco de la Declaración de Descubrimiento trata sobre el valor de resolver esta Raíz Causante para esta audiencia. A esto lo llamamos Retorno de la Innovación

(ROI). Normalmente, el ROI se asocia con el rendimiento financiero de una inversión, pero aquí redefinimos el acrónimo para dar contexto y medida al esfuerzo del Proceso de Innovación. En este punto del Proceso de Innovación, la solución es desconocida, por lo que la inversión también lo es. Sin embargo, es posible describir el valor de resolver la Raíz Causante basándose en lo que la audiencia le ha dicho que sería el valor de resolver su NDO. Llegará a este entendimiento haciendo la siguiente pregunta a los miembros de la audiencia,

"Si se resolviera esta NDO [*inserte su necesidad, dolor u obstáculo real*], ¿qué significaría para usted"?

A veces, aportar valor innovador no empieza con un problema, sino con una oportunidad. Las oportunidades pueden enmarcarse de forma muy parecida a las NDOs, sólo que con la oportunidad examinamos más de cerca las condiciones que rodean lo que creemos que podría ser una idea oportunista. El enunciado de la oportunidad ayuda a enmarcar las oportunidades de forma que ofrezcan una imagen completa de la posible situación. Cada espacio en blanco, al igual que los de la Declaración de Descubrimiento, requiere mucha atención e investigación para autentificar la condición y validar plenamente la causa de esta condición.

La Declaración de Oportunidad ayuda a añadir claridad y enfoque al explorar una nueva idea, del mismo modo que la Declaración de Descubrimiento aporta claridad y enfoque a la resolución de un problema. Dado que la audiencia es el componente más importante de su modelo de Proceso de Innovación, su voz debe estar plenamente representada aquí para que tenga claridad sobre lo que dicha audiencia cree que vale esta oportunidad.

## DECLARACIÓN de OPORTUNIDAD

A la luz de [_____] (describa la condición existente),

creemos que existe una oportunidad para [_____]

(describa la oportunidad existente)

Que saca provecho de nuestro [_____]

(describa la competencia, capacidad, o activo)

y resultaría en [_____]

(describa el valor específico que traería como rendimiento)

para [_____]

(describa la audiencia, personas, grupo, departamento, etc., que se vería beneficiado de los resultados que traería el aprovechar la oportunidad)

## Enfoque y tipo de pensamiento

Juntos, estos espacios en blanco realizan una inmersión profunda de investigación para comprender plenamente todos los aspectos de la NDO y su Raíz causante. Un fuerte sentido de la curiosidad es importante para impulsar preguntas de sondeo eficaces, que son esenciales para descubrir ideas significativas. Como trabajo de detective, un enfoque crítico y el análisis de nueva información conducen a nuevas líneas de preguntas. Nuevas preguntas conducen a más preguntas. La mayoría de nosotros no nacemos con la habilidad de hacer grandes preguntas de investigación. Hay que desarrollarla mediante la formación y la repetición. Si no ha invertido en formación sobre preguntas, ahora es el momento. No sólo estará invirtiendo en hacer buenas preguntas, sino que estará aprendiendo el arte de comprender, que tiene un efecto positivo en todas sus relaciones. (Dedicaremos más tiempo a esta habilidad en el Capítulo 7 — Cuestionar la autoridad).

*Para abordar la Etapa de Descubrimiento se utiliza una mentalidad crítica y curiosa. El Tipo de Pensamiento es Investigador.*

## El proceso de la fase de descubrimiento

Embarcarse en un viaje de innovación es complicado y fortuito. Pero, como ilustra el diagrama siguiente, cuanto más se avanza en la etapa de descubrimiento, más se aprende de las preguntas que se formulan, más claro se vuelve el objetivo del proyecto y más se afina el enfoque. Ese es el objetivo del proceso de innovación: claridad y concentración.

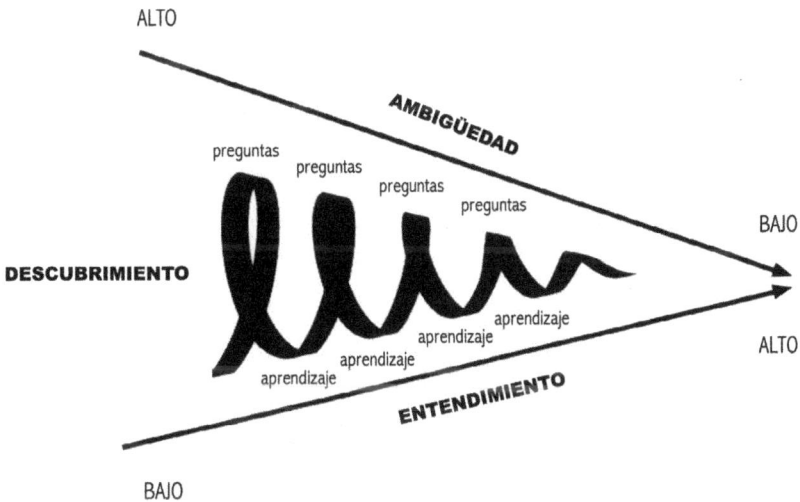

## SEGUNDA ETAPA: DISEÑO

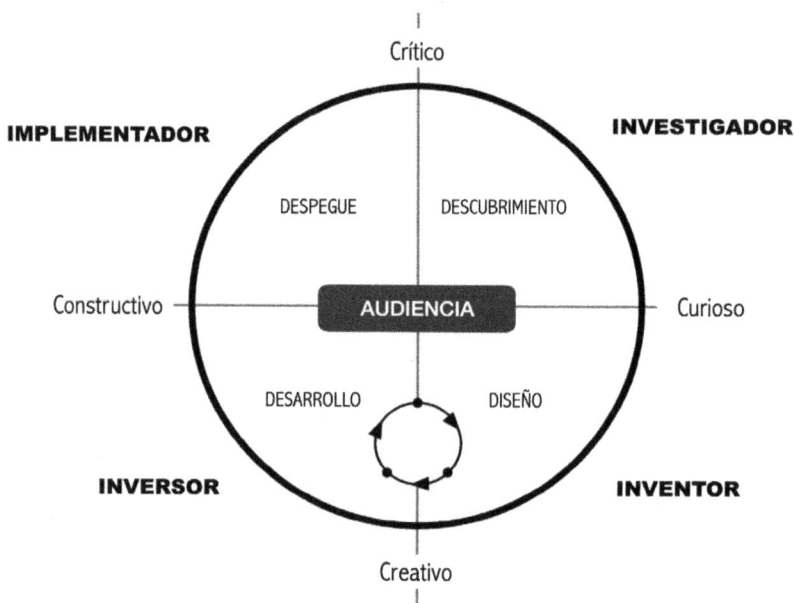

Utilizando la Raíz Causante de la Etapa de Descubrimiento como punto de partida, está listo para pensar en soluciones. Esta etapa no es una reunión de lluvia de ideas de una hora. Requiere una planificación intencionada por parte del líder y un compromiso por parte de los participantes para involucrarse plenamente en un evento que les aleja de su rutina y mentalidad cotidianas. Las condiciones para que las sesiones de ideación tengan éxito deben cumplir ciertos criterios para crear el mejor entorno posible para el libre flujo de ideas. Los participantes deben tener una mentalidad centrada en la divergencia: se deben expresar todas las ideas, por descabelladas o tontas que parezcan, sin desviarse de la solución de la Raíz Causante del problema. En el transcurso de estas sesiones de uno o dos días, todas las ideas se evaluarán de forma ordenada y, a continuación, se reducirán a las mejores soluciones posibles. Estas sesiones son más productivas cuando las dirige un facilitador de ideación experimentado.

## Enfoque y tipo de pensamiento

Es esencial que algunas cosas estén en orden antes de comenzar la etapa de diseño. En primer lugar, esta etapa consiste en una ideación divergente, desconectada, desatada, alocada y poco realista. Para abordar esta fase es necesario tener una mentalidad curiosa y creativa. La curiosidad sigue siendo importante, pero adopta un modo diferente de asombro creativo en lugar de la línea crítica, lógica e investigadora de cuestionamiento curioso utilizada en la fase de descubrimiento. Es más, el tipo de pensamiento investigador de la etapa de descubrimiento no es el mejor tipo de pensamiento para la etapa de diseño. Cuando se trata de creatividad curiosa, el tipo de pensamiento *Inventor* es el que más puede aportar.

## Planificación de la sesión de ideación

Este paso empieza por asegurarse de que participen las personas adecuadas. Tener un tipo de pensamiento inventor dominante no convierte automáticamente a alguien en un gran ideador. Deben ser capaces de desconectarse del contexto y de las limitaciones en las que viven día a día para dar rienda suelta a su potencial creativo en la resolución de problemas. Es una buena idea incluir a personas que sean inventores pero que no tengan nada que ver con el "juego" en cuestión. Las personas que no tienen ninguna responsabilidad con la audiencia para la que se está diseñando tendrán más probabilidades de pensar de forma más creativa sobre las soluciones porque su pensamiento no está inconscientemente anclado en las realidades existentes. Una asistencia equitativa de inventores internos y externos puede dar a la sesión la mejor oportunidad de producir ideas revolucionarias.

Un aspecto interesante de la Segunda Etapa: Diseño, es que trae de vuelta al Investigador e introduce los Tipos de Pensamiento Inversor. Como ya se ha dicho, las ideas deben reducirse a unas pocas. A menudo, los participantes en las sesiones de ideación se sienten dueños de sus ideas. Esto puede acentuar los prejuicios hacia ciertas ideas basadas en la propiedad más que en la calidad de las propias ideas.

La mejor manera de evitar este sesgo es permitir que se produzca una evaluación imparcial de las ideas. Es un buen momento para volver a incluir al investigador en el proceso y pedirle que aporte sus comentarios y opiniones. Es probable que haga preguntas sobre los detalles relacionados con las ideas que los inventores no han tenido en cuenta. Proporcionan un buen equilibrio a los inventores, que se centran en las grandes ideas y no tanto en los detalles. Como los Investigadores se centran en los detalles, pueden sacar a la luz algunas ideas que impidan que una idea siga adelante. Además, los Inversores pueden ser conscientes de las realidades que deben cumplirse para que una idea tenga posibilidades reales de despegar (lo explicaré con más detalle en la siguiente sección). Son capaces de sacar a la luz los posibles obstáculos internos y externos a los que se enfrentarán ciertas ideas, dando al equipo una perspectiva más realista de la viabilidad de una idea. Esta evaluación imparcial reduce la lista de ideas potenciales que avanzan de la manera más eficaz posible.

El segundo aspecto que debe tenerse en cuenta en la sesión de ideación es asegurarse de que se celebra en el lugar adecuado. La ubicación y el lugar pueden ser decisivos para la sesión de ideación debido a la forma en que nuestra mente reacciona al entorno.

Nuestro cerebro tiene dos redes de conexiones: la ejecutiva y la predeterminada. La red ejecutiva es responsable de la supervivencia y la seguridad. Esta red está "encendida" la mayor parte del tiempo. Gestiona nuestras rutinas diarias y nuestras listas de tareas. La activan las herramientas de las que dependemos, como los dispositivos móviles, para ayudarnos a realizar nuestras tareas cada día, durante todo el día. Por otro lado, la red predeterminada es nuestra mente creativa, que produce visiones y sueños de lo que es posible. Está asociada a los procesos cognitivos que requieren un pensamiento autodirigido o autogenerado, como el vagabundeo mental, el pensar a futuro, la toma de perspectiva y la simulación mental. Por otro lado, la red ejecutiva interviene en tareas cognitivas que requieren atención externa, como la memoria de trabajo, la integración relacional, la inhibición de la respuesta y el cambio de tarea. Es la parte de nuestra mente que inspira a la mente ejecutiva en nuevas formas que, en última instancia, conducen al progreso.

Una red es inútil sin la otra. Por desgracia, el mundo en el que vivimos la mayoría de nosotros la mayor parte del tiempo está construido y gestionado por la red ejecutiva. Sólo cuando somos capaces de acallar nuestra red ejecutiva y dejar hablar a nuestra red predeterminada podemos alcanzar nuestros momentos "ajá". Esto ocurre de forma natural cuando dormimos, soñamos o realizamos actividades mundanas como ducharnos o pasear por el parque, por eso el entorno es tan importante en este proceso.[21]

Crear momentos "ajá" en un entorno ejecutivo es difícil, y crear un entorno "artificial" predeterminado requiere una cantidad significativa de planificación. Si le toca planificar el entorno de la sesión creativa, empiece por hacer una lista lo más detallada posible de todas las características de una reunión típica y predecible. Debería tener una lista de al menos 50 cosas. A continuación, considere cada una de ellas escribiendo su opuesto. Si en una reunión típica se utilizan rotuladores de borrado en seco y una pizarra blanca, por ejemplo, utiliza lápices de colores y bolsas de papel para tu sesión de ideación. Piensa "de puertas afuera". Reúnete en un parque local, ve a un parque estatal cercano, alquila una carpa para eventos en el patio trasero de alguien. Diseña una sesión progresiva en diferentes lugares a lo largo de los dos días.

Por último, elimine todo lo que pueda despertar la red ejecutiva. Herramientas como relojes inteligentes, teléfonos móviles, computadoras portátiles, blocs de notas, bolígrafos favoritos, etc., así como el atuendo de trabajo, los escritorios y las sillas típicas de cada día, deben estar ausentes de la sesión de ideación. Su objetivo es dar a la red por defecto espacio para el juego libre infantil, de modo que pueda centrarse en la Raíz causante del problema, libre de limitaciones.

El tercer aspecto que debe estar preparado antes de la sesión de ideación es la facilitación de la propia sesión. No debe sentirse obligado a dirigir la sesión. De hecho, debería evitarlo. Hay docenas de técnicas de ideación que pueden utilizarse. Diseñar una sesión de ideación eficaz implica saber qué técnica emplear y cuándo. Es importante que el moderador sea capaz de inspirar apertura y seguridad intelectual y de gestionar con delicadeza las conversaciones y los bloqueos de estas sesiones. Selecciónelo con cuidado, porque son habilidades que sólo poseen los facilitadores experimentados.

El facilitador diseñará el flujo de la sesión de ideación, que podría comenzar haciendo que los participantes consideren una amplia variedad de ideas, las reformulen, las evalúen basándose en principios de diseño predeterminados y, a continuación, las reduzcan a unas pocas ideas. Por último, los participantes refinarán las ideas finales para convertirlas en soluciones viables. Al final de la sesión, los participantes se sentirán entusiasmados y agotados. Le recomendamos encarecidamente que considere la posibilidad de contratar a un facilitador cualificado para garantizar el éxito de la sesión de ideación.

La última actividad de la segunda fase: diseño, consiste en decidir cómo se comunicará la idea ganadora a las partes interesadas que no hayan participado en la sesión. Un método consiste en crear un póster conceptual que describa la idea, su funcionamiento, el problema que pretende resolver y para quién (PAMI). Este es el borrador de la idea y el nivel de resolución es todavía bajo en este punto, pero en este punto, no es necesario que el mensaje esté pulido. Debe ser lo suficientemente sencillo y detallado como para que, si se colgara en el pasillo, cualquier transeúnte pudiera comprenderlo fácilmente. El póster conceptual es la herramienta que utilizará para comunicar la idea a la audiencia y a las personas adecuadas de su organización durante la tercera fase: Desarrollar. Muchas veces, esta herramienta se desarrolla como actividad final de la sesión de ideación y pone punto final a la Etapa Dos: Diseño.

## Proceso de la etapa de diseño

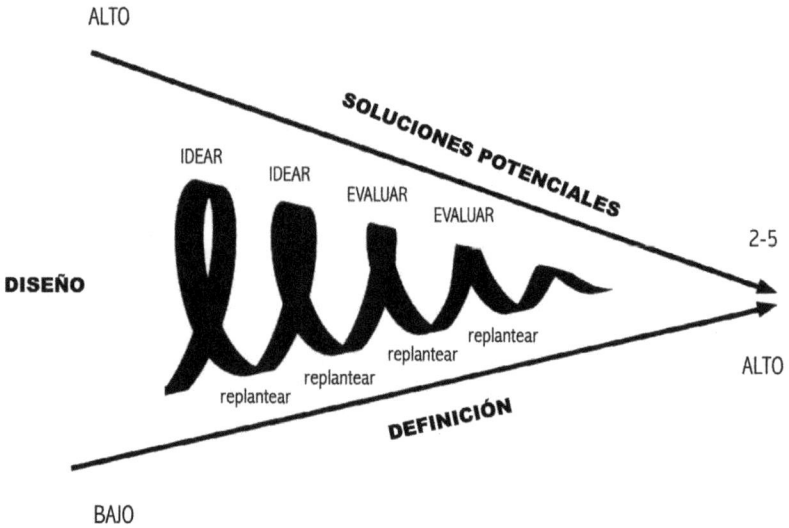

ALTO

SOLUCIONES POTENCIALES

IDEAR
IDEAR
EVALUAR
EVALUAR

2-5

DISEÑO

replantear
replantear
replantear
replantear
replantear

ALTO

DEFINICIÓN

BAJO

# TERCERA ETAPA: DESARROLLO

Crítico

IMPLEMENTADOR

INVESTIGADOR

DESPEGUE
DESCUBRIMIENTO

Constructivo — AUDIENCIA — Curioso

DESARROLLO
DISEÑO

INVERSOR

INVENTOR

Creativo

La Etapa de desarrollo es quizás la más emocionante porque es donde se empieza a ver cómo la idea de la Etapa dos de Diseño cobra vida y se observa cómo podría resolver la NDO más importante para nuestro PAMI (primera audiencia más importante) de la Etapa uno: Descubrir. Sin embargo, antes de desarrollar activamente un prototipo de la idea, es necesario haber completado la Lista de comprobación de la preparación del prototipo.

## Lista de comprobación de preparación del prototipo

- ☐ Recibir la aprobación del responsable de la toma de decisiones para pasar a la tercera fase: Desarrollar.

- ☐ Identificar las condiciones del mundo real que deben cumplirse para que esta idea funcione.

- ☐ Enumerar todas las suposiciones sobre cómo creemos que responderá la audiencia a esta idea.

  - ¿Qué pensarán?
  - ¿Cómo se sentirán?
  - ¿Qué harán?

- ☐ Enumera los elementos del mundo real que deben estar presentes para que esta idea pueda convertirse en prototipo de forma eficaz.

- ☐ Incluya a la persona o grupo que se encargará de gestionar esta idea una vez desplegada.

- ☐ Verifique que la idea se ajusta al marco operativo de la organización y a sus prioridades.

- ☐ El coste es bajo.

- ☐ El riesgo es bajo.

- ☐ La lista de resultados esperados está completa.

- ☐ Las consecuencias de los resultados inesperados se discuten de antemano.

- ☐ Definición del éxito.

Examinemos más detenidamente la lista de verificación de la preparación de prototipos
y analicemos los detalles de los elementos seleccionados.

### *Recibir la aprobación del responsable de la toma de decisiones para pasar a la tercera fase: Desarrollar.*

La definición de quién es el responsable de tomar la decisión para que el proyecto siga adelante se trató en el Capítulo Dos. Aquí es donde entra en juego. La creación de prototipos requiere recursos. Alguien debe estar en posición de tomar estas decisiones de asignación de recursos y decidir si el proyecto avanza o no. La responsabilidad de tomar la decisión no debe sorprender al responsable. Debería haber estado informado del proceso (o haber participado en él) desde el principio. Anticipar los recursos necesarios para la creación de prototipos también es algo que debería haberse discutido con los propietarios de los recursos a lo largo del proceso. No debería haber sorpresas en el diseño y el desarrollo.

### *Identifica las condiciones del mundo real que deben cumplirse para que esta idea funcione.*

Si esta idea despegara hoy, deberían darse ciertas condiciones para que tuviera éxito. Estas condiciones pueden o no existir actualmente o, como las situaciones dentro de su organización cambian, las condiciones que existen ahora pueden no existir en el futuro. Para mayor claridad, todas las partes implicadas deben ser conscientes de que, para que esta idea tenga éxito, deben darse ciertas condiciones. Su trabajo consiste en detallar todas estas condiciones. Si alguna de ellas cambia, dispondrá de la documentación que le ayudará a suprimir la idea sin penalización, a plantear la conversación para restablecer las condiciones necesarias o volver a examinar la idea y perfeccionarla para que una nueva versión de la misma pueda tener éxito en esas nuevas condiciones.

**_Enumera todas las suposiciones sobre cómo creemos que responderá el público a esta idea. ¿Qué pensarán? ¿Cómo se sentirá? ¿Qué hará?_**

Si mostrara el póster conceptual a una muestra de la audiencia, ¿qué pensaría? ¿Reconocerían la NDO que pretende resolver? ¿Cómo cree que se sentirían con respecto a su situación? ¿Qué acciones o cambios de comportamiento esperarías de ellos si esta idea se hiciera realidad? Las respuestas a estas preguntas centrarán tu trabajo en supuestos concretos y te permitirán comparar lo que pensabas que ocurriría con lo que realmente sucede cuando compartes el concepto con el público.

**_Enumera los elementos del mundo real que deben estar presentes para que esta idea se convierta en un prototipo eficaz._**

El desarrollo de una idea para su posterior despegue implica la creación de prototipos con una pequeña muestra de la audiencia. Esta fase consiste en compartir el póster conceptual y recabar información que ayude a perfeccionar la idea. Una vez perfeccionada, se dispone de los elementos necesarios para simular una experiencia real, pero en un laboratorio de innovación. Por ejemplo, si está creando el prototipo de una nueva aplicación de formación de líderes, querrá simular cómo se consumiría el material de formación a través de la aplicación. Para ello se necesitan elementos como el aspecto que tendría la aplicación en una plataforma móvil y el funcionamiento de cada página. Esta simulación no requiere que cree la aplicación, sólo un modelo de cómo funcionaría la aplicación para que la audiencia tenga suficiente experiencia para darle una retroalimentación significativa.

### *Incluya a la persona o grupo que se encargará de gestionar esta idea después de su despegue.*

En atletismo, la carrera de relevos consiste en que cuatro corredores se pasen la estafeta unos a otros en puntos específicos de la pista. De los cuatro corredores, ¿quién es el más crítico? El cuarto. El primer corredor debe ser fiable y rápido en la salida. El segundo y el tercer corredor deben ser técnicamente fuertes y capaces de mantener el ritmo marcado por el primero. Pero es el último corredor el más crítico, ya que puede recuperar el tiempo perdido por los errores cometidos durante la carrera. El corredor de la cuarta posición es la última oportunidad del equipo para mantener su ventaja o ganarla antes de llegar a la meta. Imagina que el corredor de la cuarta posición nunca ha corrido una carrera de relevos, nunca ha manipulado una estafeta, ni ha practicado con el equipo de relevos y no tiene ni idea de lo que le espera a la vuelta de la esquina. Llegar en primera posición sería casi imposible. Lo mismo ocurre con tu proyecto.

Su idea es la estafeta de mando y la persona que se encargará de despegar y gestionar su nueva solución es el corredor de la cuarta posición. Para garantizar el éxito de la implementación, es necesario que esta persona participe en el proceso desde el principio. Es una buena idea incluirla desde el principio, pero es esencial hacerlo antes de que comience la creación de prototipos. La persona responsable del despegue de la idea debe tener la oportunidad de comprender el camino recorrido por la solución y comprometerse con ella. Debe tener la oportunidad de contribuir al proceso de creación de prototipos y estar informado e involucrado desde ese momento.

### La idea se ajusta al marco operativo de la organización y a sus prioridades.

Las Declaraciones de Descubrimiento y Oportunidad actúan como puntos de referencia en el proceso de innovación para garantizar que el pensamiento y el trabajo se mantengan bien alineados con la intención y la dirección originales. Antes de que la idea se convierta en prototipo, tendrá que asegurarse de que se ajusta al marco operativo y a las prioridades estratégicas de su organización. En última instancia, la solución tendrá que encajar en el funcionamiento de su organización.

Cuanto menos perturbe la solución las operaciones cotidianas, mejor, sobre todo durante la creación de prototipos. Si la idea es sólida y vale la pena resolver el problema, pero la organización no está preparada para ello, habrá que tener mucho cuidado para dirigir la idea a través de los retos que supone introducirla en una organización que no la espera. Una forma de gestionar este baile es explicar la idea sólo en términos de prototipo. No todo el mundo ve con buenos ojos los efectos perturbadores que puede causar una gran idea nueva. Hablar de ella como si fuera algo seguro puede crear muros defensivos difíciles de traspasar.

Transmitiéndola como una idea que simplemente se está prototipando, es menos probable que se perciba como una amenaza. Incluso puede decir que no sabe si es buena, pero que está explorando una idea nueva. Suavizar los bordes ayuda a evitar reacciones exageradas sin motivo. La gente está dispuesta a escuchar cómo va un "prototipo" porque el lenguaje no es amenazador. Además, una vez que tu idea haya superado la fase de prototipo, tendrás una historia que contar sobre el impacto real, y eso es algo que todo el mundo querrá oír.

## Enfoque y tipo de pensamiento

La tercera etapa: Descubrir, se aborda mejor con una mentalidad constructiva equilibrada con una actitud creativa. Los aprendizajes que surgen de la creación de prototipos de una idea conducen a percepciones que mejoran la idea, y estos aprendizajes deben aplicarse con el máximo nivel de creatividad. Recibir comentarios constructivos de la audiencia es como el aire de los fuelles que avivan las brasas del proceso de refinado del oro: se necesita una gran cantidad de ellos para un refinamiento adecuado.

A veces, el conocimiento que surge de la creación de prototipos devuelve la idea a la mesa de dibujo. En ocasiones, puede que descubras que la idea, a pesar de numerosos refinamientos, sigue sin dar en el blanco. Si es así, no significa que resolver el problema enunciado en la Declaración de Descubrimiento ya no sea un proyecto que valga la pena. Lo que puede significar es que hay que volver a la fase de diseño a otra ronda de sesiones de ideación.

Otras veces, la creación de prototipos puede revelar información que no se tenía o no se tuvo en cuenta en la Etapa Uno: Descubrir, lo que obliga a suspender la creación de prototipos. Cuando una nueva idea cambia la dirección del proyecto, puede ser mejor volver a la Etapa Descubrir, donde se pueden sintetizar nuevos datos (que pueden conducir a una nueva Declaración de Descubrimiento), en lugar de continuar con el prototipado y tratar de forzar la idea para un nuevo propósito para el que no fue diseñada.

El Tipo de Pensamiento Inversor es una mezcla única de optimismo y realismo. Estas personas te salvarán a ti y a tu idea de los arrebatos, ayudándote a pensar en todos los puntos que hay que conectar y de los que quizá no seas consciente. Pueden parecer asesinos de sueños al introducir razones por las que la idea no tendrá éxito. No te pongas a la defensiva. Esta visión es absolutamente fundamental. Usted no puede abordar o evitar los obstáculos si no es consciente de ellos. Extraiga todo lo que pueda de sus Inversores. Sea curioso y esté abierto a todas las cosas aparentemente negativas que tengan que decir. Aunque puede resultar difícil escuchar sus opiniones, no tienen precio.

## Proceso de la etapa de desarrollo

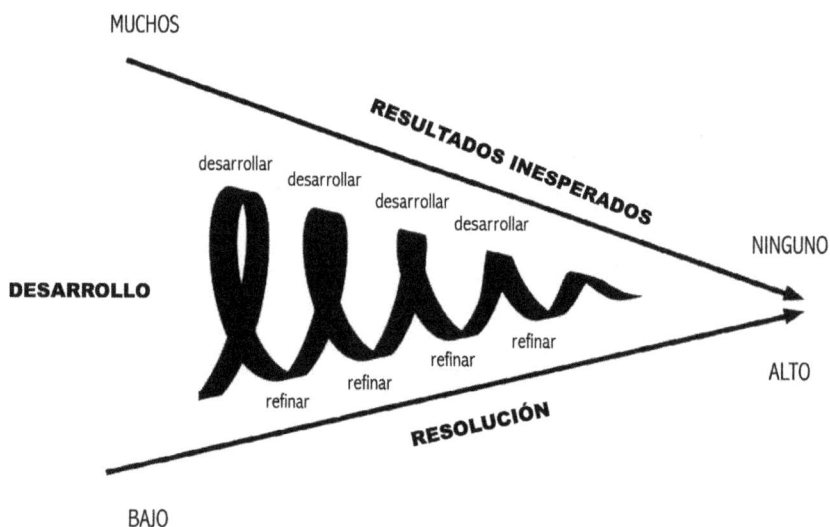

# CUARTA ETAPA: DESPEGUE

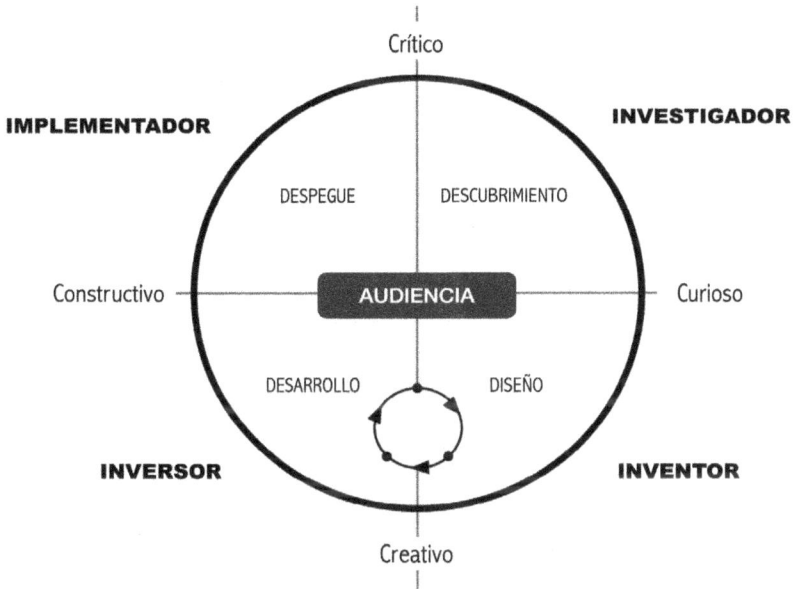

En la fase de despegue se inicia el traspaso de la idea y se pone fin formalmente al proyecto de innovación. Muchas ideas impactantes que cambian el juego se desmoronan en este punto. El traspaso puede ser un proceso largo, dependiendo de quién lo reciba y de la naturaleza del entorno en el que se produzca. Un traspaso deficiente tiene consecuencias inmensas. Si la persona responsable de gestionar y mantener la idea ha estado informada e involucrada desde la fase de diseño, apoya la idea en su forma actual y ha desempeñado un papel en el progreso de la idea a través de la fase de desarrollo, el traspaso no debería presentar problemas importantes. Pero si no se cumple alguna de las condiciones mencionadas, el traspaso de la idea puede ser un proceso largo y arduo que podría comprometer los resultados.

Si la idea, una vez lanzada al mercado, no cumple las promesas sugeridas a través de la creación de prototipos, es probable que se deseche y que todo el tiempo y el esfuerzo se hayan desperdiciado por completo.

La razón más común de que las grandes ideas no despeguen es una simple falta de comprensión. La persona que gestiona la idea debe entender por qué:

➤ La audiencia es muy importante para la organización.

➤ La NDO es muy importante para la audiencia.

➤ La raíz causante es la razón por la que existe esta condición.

➤ La solución que se ha desarrollado y ha demostrado resolver la raíz causante del problema mediante la creación de prototipos.

Cuando la persona que recibe la idea después del despegue no entiende estos aspectos clave detrás de la idea, el sabotaje (intencional o no intencional) puede ocurrir a través de:

➤ Dotación inadecuada de recursos, lo que da lugar a una ejecución descuidada y mal dirigida.

➤ La transformación de la idea en una versión más diluida para facilitar su gestión.

➤ Retrasar los plazos, lo que puede hacer que la idea quede tan relegada en la lista de prioridades que se olvide y no llegue a lanzarse.

## Enfoque y tipo de pensamiento

La mentalidad que debe emplearse en la fase de despliegue es una combinación de constructiva y crítica. Una idea innovadora puede tener muchas partes móviles y, a veces, a pesar de los esfuerzos para descubrirlos todos en la fase de creación de prototipos, es posible que descubra uno o dos resultados inesperados al despegar la idea que simplemente no se podrían haber simulado en la fase de desarrollo. Es importante ser consciente de las formas constructivas de mejorar la idea, incluso a medida que se desarrolla. Como ya se ha mencionado, la gestión del despliegue de la nueva innovación requiere atención a los detalles. Un ojo crítico para cada detalle del despegue puede ayudar a anticipar posibles escollos, como pedir los materiales con suficiente antelación para que estén disponibles cuando se necesiten.

El tipo de pensamiento necesario para la fase de despegue es el *implementador.* Ninguno de los otros tipos está "programado" como un implementador. Esta persona hace las cosas. Y punto. Le gustan los detalles, los procesos, los organigramas y los diagramas. No necesitan que se les explique mucho la idea. En cambio, necesitan saber dónde está la meta y cuánto tiempo queda en el reloj. El entusiasmo es el combustible que impulsa su motor de despegue. Debes asegurarte de que tu ejecutor está entusiasmado con tu proyecto o evitará dedicar la energía necesaria para despegarlo bien.

Hemos hablado de lo importante que es que la persona que despega una nueva idea la apoye, lo que plantea la cuestión de si el ejecutor debe participar en las sesiones de ideación en la fase de diseño. La respuesta es que depende. Dado que los ejecutores están predispuestos a la acción, su tendencia será tomar una idea, aunque sea parcial, y ponerla en marcha antes de que haya tenido la oportunidad de ser evaluada y refinada. En ese momento, al menos mentalmente, han abandonado la ideación.

Los participantes en sesiones de ideación que abandonan pueden tener un efecto sutil pero profundo en la calidad de las ideas. La ideación es un trabajo mental exigente y alguien que ha "terminado" de ser creativo a veces adopta una actitud de desinterés y desvinculación, como si el trabajo no fuera importante. La actitud puede ser contagiosa. Un buen facilitador se dará cuenta de esta propensión y tomará medidas para corregirla. Esto no significa que un ejecutor comprometido no pueda añadir valor en el momento adecuado de la ideación. Los ejecutores pueden añadir valor cuando llega el momento de reducir la larga lista de ideas a sólo una o dos. Conocerán los posibles retos a los que podrían enfrentarse las ideas cuando llegue el momento de despegarlas. Su perspectiva distinta puede ayudar a decidir qué ideas deben seguir adelante y cuáles no.

Al final, se llamen como se llamen las fases del proceso y se definan cómo se definan, todos los miembros de la organización deben confiar en ellas. El proceso de innovación, derivado del pensamiento de diseño (design thinking), se utiliza desde hace siglos. Y funciona. Siempre ha funcionado y siempre funcionará, pero sólo si la gente confía en él. Siempre es desordenado y gris al principio, y habrá cosas desconocidas y poco claras.

Al igual que ocurre con las personas, es más fácil confiar en el proceso cuanto más se conoce. En una organización innovadora, todo el mundo conoce el proceso de innovación. No todos son profesionales experimentados, pero al menos conocen el proceso. Para usted, esto significa que hay que enseñarlo y enseñarlo, y enseñarlo un poco más. Cada vez que se contrata a gente nueva y ninguna de ellas debería incorporarse sin una introducción al proceso de innovación de su organización. **Este proceso no es sólo algo que se hace, sino la forma de pensar sobre lo que se hace.** Recuerde que las dos preguntas más importantes que puede hacerse después de "¿quién hace qué?" son "¿estoy haciendo lo correcto?" y "¿estoy haciendo las cosas correctamente?".

El proceso de innovación da respuesta a ambas. ¡Créalo, enséñalo, confía en él!

# APLÍCALO

¿Hasta qué punto estoy dispuesto a comprometerme con el proceso de innovación que creamos y a modelar los comportamientos de un líder que dirige con mentalidad innovadora confiando en ella? ¿Cuál es mi tipo de pensamiento dominante?

¿Cuáles son los aspectos más difíciles de crear y aplicar un proceso de innovación en mi organización? ¿Qué haré para superarlos?

¿Qué otros procesos de innovación deberíamos analizar además del marco aquí presentado a la hora de diseñar el proceso de innovación que más nos conviene? ¿Quién debe participar interna y externamente? ¿A quién corresponde la aprobación del diseño final del proceso de innovación para nuestra organización?

# 5

# ESPACIO

El sexto principio, el espacio es quizá el más olvidado e infravalorado. Su organización tiene un lugar o espacio para cada cosa. Es probable que los accesorios de proyectos pasados sigan guardados en algún sitio, porque ese es su lugar. Todo el mundo tiene un espacio para trabajar, reunirse, practicar, pensar, etc. El espacio (lugar) importa. Las prioridades que no tienen un espacio propio no son prioridades. La innovación es la principal prioridad que necesita su propio espacio. La innovación como cultura y capacidad puede resultar extraña para muchos de sus empleados. Necesitan un lugar al que acudir para explorar lo que significa la innovación y experimentar lo que es innovar y ser innovador.

La práctica de la innovación implica herramientas de comunicación como pizarras blancas, caballetes, accesorios para la ideación, materiales para prototipos y un lugar donde mostrar y contar historias de innovaciones que se han puesto en práctica.

Esto requiere un lugar dedicado. No tiene por qué estar pulido y magníficamente acabado. De hecho, es mejor que sea un poco crudo y de bajo perfil, con un ambiente en el que parezca que está pasando algo. No debe ser un escaparate donde la innovación se "exhibe" principalmente. Los espacios de innovación deben parecerse al taller de Papá Noel, no a una sala de trofeos. Es un espacio "maker" donde se crea energía y se colabora, donde las ideas son compartidas abierta, libre y espontáneamente por todo el personal, todo ello en el marco del proceso de innovación.

El entorno debe eliminar las señales contextuales de lo que se está pensando y liberar la mente para que viva en el mundo del qué pasaría si. Crear un espacio de innovación vibrante no tiene por qué costar una fortuna. Los principios de diseño pueden crearse con un simple ejercicio. Pídale a alguien que se pasee por sus oficinas y haga fotos de diferentes espacios de trabajo, luego publique estas fotos y escriba junto a ellas lo que ve en cada una. Describa los suelos, paredes, techos (anotando la altura del techo), molduras, iluminación, colores, fuentes de luz natural, materiales como madera, metal, etc. A continuación, invita a los demás a leer lo que se ha escrito, sin enseñarles las fotos. Pídeles que expresen las emociones, sentimientos y sensaciones que suscitan las descripciones. Sintetiza las descripciones de las fotos y la reacción del personal ante ellas y crea temas a partir de esta información. Considera cada tema individualmente; si hay algún tema "qué es", ¡haz lo contrario! Por ejemplo, si un tema del diseño interior de su organización es "formal", un principio de diseño para el espacio de innovación debería ser "informal". El objetivo es eliminar todas las preguntas posibles.

Quizá piense: "Estaría bien disponer del lujo de un espacio abundante, pero la realidad es que la gente ya tiene que compartir puestos de trabajo. ¿Dónde encontraremos espacio para la innovación?". La cuestión no es si se dispone de espacio suficiente para un hub, laboratorio o centro de innovación. La verdadera pregunta es: ¿dónde puede existir la sensación de innovación? Póngase el sombrero de la resolución creativa de problemas y busque la manera de crear un espacio en el que la gente pueda ser lo más creativa e innovadora posible. ¿Quizá haya elementos de diseño que puedan utilizarse en un espacio concreto cuando sea necesario innovar, incluso algo temporal que pueda subir y bajar? Paneles de colores, soportes luminosos, alfombras cuadradas interconectables, pizarras móviles, pufs y carteles que muestran las "historias de innovación" de los proyectos de su organización pueden ayudar a crear un espacio de innovación cuando el espacio es reducido.

El objetivo de todo este esfuerzo en torno al diseño de un espacio es intentar acallar la red ejecutiva en nuestras mentes y permitir que la red predeterminada cobre vida y florezca. Como recordará del capítulo 4, Etapa 2: Diseño, nuestra red ejecutiva está activa la mayor parte del tiempo, especialmente en el trabajo. Por lo tanto, para dar lo mejor de nosotros mismos en la resolución creativa de problemas, debemos "engañar" a nuestra mente para que crea que debe poner a dormir la red ejecutiva orientada al proceso y despertar la red creativa por defecto. Este cambio sólo puede lograrse eliminando todas las señales a las que responde la red ejecutiva. Hay que eliminar los escritorios, las sillas, los blocs de notas, los bolígrafos, los portaminas, los dispositivos móviles, los ordenadores portátiles, la tecnología portátil, la iluminación fluorescente, la vestimenta "de trabajo", los colores de las paredes, los suelos, la decoración de la oficina y todo lo que pueda conformar lo que nuestra mente interpreta como actividades laborales, listas de tareas y agendas. Ese debe ser el objetivo de su espacio de innovación.

Un espacio de innovación es un elemento necesario si se espera crear una cultura de innovación. Un aspecto importante de cualquier cultura es cómo se relacionan las personas entre sí. Crear un lugar donde el personal pueda relacionarse y comunicarse entre sí y tener colisiones creativas espontáneas es esencial si se quiere que la innovación se entreteja en el tejido de la cultura de su organización.

*Nada dice más sobre el compromiso de una empresa de ser una organización innovadora que la falta de un espacio de innovación.*

## DISEÑAR UN ESPACIO DE INNOVACIÓN

El espacio puede ser un poderoso reflejo de las creencias y prácticas de una cultura de innovación. La presencia de un espacio dedicado a la innovación dice mucho a su personal sobre lo importante que es la innovación para su empresa. Sin embargo, al fin y al cabo, también debe ser un espacio que proporcione un lugar práctico para trabajar. Para crear un espacio de innovación eficaz y utilizable, tenga en cuenta estos consejos:

### *La flexibilidad y la adaptabilidad son fundamentales.*

Todo debe ir sobre ruedas... ¡todo! Un centro de innovación que visité tenía sillas sin ruedas sobre suelos de hormigón. Cada vez que alguien empujaba su silla hacia atrás era como clavar clavos en una pizarra. Era irritante y muy molesto. También observé que, después de que un equipo creaba un concepto que había plasmado en una pizarra, tenía que compartirlo con los principales interesados, que tenían horarios de oficina muy distintos. El problema era que la pizarra estaba pegada a la pared. El equipo tuvo que tratar de preservar su trabajo con carteles de "no borrar" mientras intentaba atraer a las partes interesadas a esta sala poco frecuentada. Una pizarra sobre ruedas habría permitido que la pizarra se desplazara a un lugar donde los interesados pudieran verla independientemente de cuándo estuvieran en la oficina y habría liberado la pared para que otros equipos pudieran utilizarla.

### Controlar el ruido.

Los espacios de innovación pueden ser ruidosos. Ayude a amortiguar el sonido con materiales de aislamiento acústico como moquetas, cortinas, fieltro industrial, baldosas acústicas, etc. Yo dirigía un taller de descubrimiento en un laboratorio de innovación situado dentro de un almacén. Mientras los equipos presentaban sus contenidos, nos encontrábamos compitiendo con los ruidos inusuales procedentes de un espacio cercano. Primero fueron ruidos de animales, luego pisotones y palmas, después ruidos de coches y muchas risas. Mis participantes estaban más interesados por lo que ocurría al otro lado del almacén que por mi taller. Yo también lo estaba. Decidimos investigar y descubrimos que era un taller de improvisación. Los eventos de improvisación suelen ser animados, y habría sido una distracción menor si el espacio se hubiera diseñado teniendo en cuenta el internamiento sonoro.

### Integrar detalles inesperados.

La iluminación y el sonido poco convencionales, y los elementos visuales inesperados hacen tropezar a la red ejecutiva. No sabe cómo responder porque estos nuevos estímulos no encajan perfectamente en las construcciones mentales existentes de los espacios de trabajo interiores. Estas señales ayudan a encender la red predeterminada mientras la red ejecutiva se apaga un poco. Muchas organizaciones utilizan sistemas de iluminación de colores, música instrumental de fondo y elementos visuales emocionantes e inesperados que representan movimiento y energía. Otras señales visuales pueden ser grandes estructuras fuera de lugar. Por ejemplo, el centro de innovación de Chick—fil—A, llamado Hatch, incluye un remolque de viaje Airstream de 28 pies reconvertido en su espacio Imagine, que está forrado con superficies de borrado en seco en el interior para animadas conversaciones y sesiones de ideación. También tiene dos columpios colgando de las vigas. El juego es un componente esencial de la creatividad y columpiarse es una forma estupenda de acallar la red ejecutiva.

### Incluya rincones tranquilos.

Cree espacios donde la gente pueda reunirse de dos en dos o de tres en tres o trabajar en soledad sin interrupciones.

Aunque los espacios de reunión divertidos son geniales e inspiradores, a veces se necesita un lugar tranquilo para concentrarse y procesar el resultado de una sesión reciente, reflexionar sobre una idea inacabada o simplemente trabajar con la cabeza puesta en el suelo. Es una buena idea considerar cómo tanto los extrovertidos como los introvertidos pueden aprovechar al máximo los espacios y lograr un equilibrio entre espacios abiertos y cerrados, grandes y pequeños, ruidosos y silenciosos.

### *Proteja el espacio de innovación.*

No permita que en el laboratorio de innovación se celebren reuniones ajenas a la innovación. Todo el mundo querrá celebrar una reunión de equipo o de departamento en el espacio "cool". Diles que es un espacio para crear, no para reunirse. A menos que se trate de un proyecto de innovación concreto, tendrán que reunirse en otro lugar. Esta norma de laboratorio debe protegerse activamente porque tiende a desaparecer con el tiempo. Una organización construyó un fantástico centro de innovación. Al principio, el equipo de innovación protegía mucho su territorio y deseaba conservar la sensación de "espacio creativo". Sin embargo, con el tiempo, las reuniones no relacionadas con la innovación se convirtieron en algo habitual y, en ocasiones, el equipo de innovación se encontró con que no tenía dónde reunirse... ¡en su propio edificio! Una vez que esto ocurre, es difícil volver a cambiar el comportamiento y reclamar el espacio de innovación únicamente para la actividad innovadora.

### *Conectar recursos.*

Considera la posibilidad de tener un tablón comunitario de necesidades/deseos en el que las personas interesadas en contribuir a otros proyectos puedan chocar con personas que necesitan ayuda con sus proyectos. En el i—lab de Harvard existe un tablón comunitario de este tipo. Las startups del programa publican las capacidades que necesitan y los estudiantes que quieren adquirir experiencia y hacer currículum aportando su tiempo publican sus habilidades. Este método puede ser especialmente eficaz en entornos empresariales. Muchas personas buscan oportunidades para hacer cosas nuevas más allá de su vida cotidiana, mientras que los equipos de proyecto suelen carecer de recursos suficientes y agradecerían la ayuda extra.

### Aprovecha el poder del juego.

Nuestras mentes son más libres para pensar de forma creativa cuando jugamos. Es un componente importante de la creatividad. Dicho esto, olvídate de la mesa de ping pong y los videojuegos retro. Para introducir el juego en los espacios de innovación, muchas organizaciones instalan videoconsolas, futbolines, mesas de billar y mesas de rompecabezas. Estos elementos se convierten rápidamente en mobiliario y accesorios, y no aportan ningún valor a la creatividad ni al proceso de innovación. Tuve la oportunidad de hablar con la directora del Tryer Center de Starbucks sobre este tema y me confirmó que estas "herramientas" no se utilizan. Starbucks eliminó todos los elementos de juego y pasó a pensar en formas de introducir el juego en todo el espacio. Piense en el espacio como si fuera un museo infantil. Integre sorpresas de luz y sonido divertidas e inexploradas, aparatos que se puedan manipular con el tacto, carteles de animales inusuales y fotos. Todos son ejemplos de juego que pueden utilizarse para hacer más atractivo un espacio de innovación. Es un enfoque que tiene más sentido que compartimentar la idea del juego y la creatividad en una sala propia.

### Mostrar y contar.

Cree un muro para destacar los proyectos de innovación que se han puesto en marcha durante el año. Celebrar las ideas que han despegado es una parte importante de la cultura de la innovación. No hay nada que cuente mejor el valor del proceso de innovación que mostrar una idea a través de su "lugar" de la innovación. Cuanto más conozca una persona el trabajo que ha costado llegar a la idea resultante, más podrá apreciar el proceso utilizado (y el duro trabajo que ha costado) para llegar a ella. Dicho esto, hay que tener cuidado. Una costosa sala de exposiciones que muestre las cosas interesantes que ha hecho la empresa puede ser una buena idea, pero también se puede conseguir de forma barata. Lo importante es la historia de la innovación y la celebración de los equipos que han hecho realidad las ideas, no la sala de exposiciones.

### *Aproveche la luz natural.*

Nunca se insistirá lo suficiente en la importancia de la luz natural en los espacios creativos. Los trabajadores que trabajan en oficinas con elementos naturales, como vegetación y luz solar, son un 15% más creativos. El mismo informe también reveló que la luz natural es el elemento más deseado en el diseño del lugar de trabajo, preferido por el 44% de los encuestados.[22] La norma WELL Building Standard señala que "la luz diurna es nuestra señal más importante para sincronizar el reloj interno de nuestro cuerpo, lo que puede mejorar nuestro estado de ánimo, reducir el estrés e influir positivamente en el funcionamiento del sistema circadiano". Somos más creativos cuando estamos contentos y nos sentimos bien. La luz natural contribuye a nuestra felicidad y bienestar. Para que los espacios de innovación sean más productivos, inúndelos de luz natural.

## USOS ADICIONALES DEL ESPACIO DE INNOVACIÓN

Una visita al espacio de innovación debería formar parte de la incorporación del personal. Es típico que los nuevos empleados quieran lanzarse de cabeza a su nuevo puesto, y muchas veces la empresa así lo exige. Pero su trabajo es como arenas movedizas, y cada día que pasa se hunden más y más en su rutina, lo que hace que les resulte cada vez más difícil pensar en cómo podrían enfocar su trabajo con una mentalidad innovadora. Al incorporar a los nuevos empleados, incluya una introducción a la innovación y el espacio donde puede producirse, puede ser como un salvavidas creativo que el nuevo personal puede utilizar para salir de sus arenas movedizas en cualquier momento. Además, tiene un doble beneficio: el nuevo empleado se siente invitado a pensar en su trabajo de forma más innovadora y la empresa ha mejorado sus posibilidades de crecimiento sostenido al reforzar su ejército de innovadores cotidianos.

Organice eventos de inmersión en la innovación para todo el staff en el espacio de innovación. ¿Qué mejor lugar para hablar de innovación que el espacio en el que se produce? Almuerzos de trabajo, ciclos de conferencias, talleres de pensamiento creativo en los que el personal puede aprender más sobre los principios de la innovación y cómo aplicarlos son oportunidades para que el personal visite el espacio de innovación, haga preguntas al equipo de innovación, aprenda más sobre cómo aplicar la innovación a su trabajo diario y, con suerte, salga informado e inspirado.

# APLÍCALO

**REFLEXIÓN:**

¿Cómo puedo convertir en un hábito la desconexión de mi lista de tareas diarias para poder pensar de forma más creativa en todo tipo de cosas?

**REACCIÓN:**

¿Hasta qué punto está dispuesta nuestra organización a dedicar un espacio, aunque sea una conferencia de un día al mes, a la innovación? ¿Hasta qué punto estamos dispuestos a transformar un espacio para innovación?

**ACCIÓN:**

¿Cuáles son los próximos pasos que puedo dar para planificar un espacio dedicado a nuestro personal para aplicar el proceso de innovación a todo tipo de proyectos y pensar de forma creativa sobre todo tipo de cosas? ¿Quién puede ayudarme? ¿Cómo podríamos utilizar herramientas de colaboración virtual como *Miro y Mural* cuando el espacio físico es limitado o las sesiones en persona suponen un reto?

# 6

# PERMANENCIA

**N**o se puede establecer una cultura de la innovación y luego ignorarla. Al igual que un huerto, requiere mucha preparación. Hay que dedicarle espacio y espacio donde pueda disponer fácilmente de luz solar y agua adecuadas. La tierra debe ser fértil y estar preparada para recibir las semillas. Alguien debe encargarse de plantar las semillas y cuidarlas cuando empiezan a crecer. El mantenimiento debe comenzar desde el principio. Las malas hierbas aparecerán y habrá que arrancarlas. Sin vigilancia, las plagas se alimentarán de las plantas y comprometerán la calidad de las hortalizas o las destruirán por completo. Habrá que podar las plantas vivaces y controlar su crecimiento y expansión. Hay que recoger las hortalizas en el momento justo. Hay que abonar con regularidad para mantener el suelo rico. Es un trabajo continuo.

Lo mismo ocurre con la cultura de innovación. No permita que el duro trabajo de establecer una cultura de la innovación se eche a perder por negligencia. La gestión centrada en una cultura próspera de innovación se divide en tres actividades: Responsabilidad, Educación y Comunicación.

## UNA CULTURA DE RESPONSABILIDAD

Probablemente haya oído que lo que se mide se administra. La innovación no es diferente. Si el tema de la innovación se pierde de vista, se olvida. Una vez que esto sucede, la práctica de la innovación se reduce a unas pocas personas que tienen una propensión natural a ella, pero que tendrán dificultades para ganar terreno fuera de su pequeño círculo. La innovación debe ser un tema de conversación habitual entre el personal y los responsables de personal.

Una de las formas más eficaces de hacerlo es incluir la aplicación de la innovación en las revisiones continuas del rendimiento. Sin embargo, la revisión anual de las actividades de innovación no debe existir en el vacío o independientemente de los valores fundamentales de la organización. Cuando los temas de la evaluación del rendimiento no se basan en el marco fundamental del propósito y los valores fundamentales de una organización, pueden parecer casillas de verificación añadidas que no son tan relevantes para el trabajo. El personal necesita ver cómo se aplica la innovación a su trabajo diario y cómo se conecta su trabajo con la misión más amplia de la organización. Los jefes de personal pueden determinar hasta qué punto su equipo aprovecha la innovación describiendo cómo se refleja en su trabajo el uso de herramientas de innovación y el pensamiento innovador.

Uno de los valores fundamentales de Chick—fil—A es *"We Pursue What's Next"*, "Perseguimos el futuro". Esto sugiere que todos los miembros de la organización pueden estimular la innovación allí donde se encuentren. También introduce formalmente la noción de que es una organización innovadora y que ha creado una cultura de innovación en toda la empresa. Proporciona un argumento fundacional contra el status quo.

## VALORES FUNDAMENTALES DE CHICK—FIL—A

**Estamos para servir**

Nuestro éxito se basa en el éxito de nuestros operadores. Como personal, estamos aquí para servir a los operadores, a nuestros clientes y para servirnos unos a otros con el fin de garantizar el crecimiento de nuestro negocio, nutrir nuestra marca, enriquecer nuestra cultura y cumplir nuestro propósito.

**Juntos somos mejores**

Nuestra cultura se basa en la confianza, la autenticidad, la comunidad y el respeto mutuo. Nuestras diferencias nos fortalecen y sabemos que juntos somos mejores. Tenemos la suerte de trabajar con personas extraordinarias y de unirnos en torno a algo más grande que nosotros mismos.

**Nos mueve el propósito.**

Trabajar en Chick—fil—A es más que un simple trabajo. Centrados en torno a un firme propósito que nos informa e inspira, buscamos constantemente tener un mayor impacto, sin importar lo grande o pequeña que sea la tarea.

**Perseguimos el futuro.**

La innovación implacable es el motor de nuestro negocio. Miramos al futuro con valentía y curiosidad. Pensamos continuamente más allá del presente en busca de nuevas y mejores formas de crear impacto.

**PERSEGUIMOS EL FUTURO:** La innovación implacable impulsa nuestro negocio. Miramos al futuro con valentía y curiosidad. Pensamos continuamente más allá del presente en busca de nuevas y mejores formas de crear impacto.

¿Qué ha observado que demuestre visión de futuro y generación de nuevas ideas?

La empresa infunde la innovación aún más profundamente en sus capacidades de liderazgo, que sirven como principios rectores del liderazgo. Llama a los líderes a ser innovadores "creando ventajas competitivas aprovechando los diferenciadores, respondiendo ágilmente a los nuevos desarrollos, adaptándose a los competidores disruptivos y adoptando ideas innovadoras". Además, su marco de evaluación del rendimiento incluye el rendimiento en innovación, lo que ayuda a garantizar que los líderes puedan mantener conversaciones significativas sobre su rendimiento en innovación. En él se describen los comportamientos innovadores.

## DESCRIPCIÓN DEL RENDIMIENTO
# INNOVACIÓN

### Descripciones De Rendimiento

**Habilidad:**
- Impulsa su área de negocio para acelerar la innovación y la competitividad en el mercado.
- Se centra en la mejora continua y fomenta las oportunidades de reimaginar cómo se realiza el trabajo.

**Satisfactorio:**
- Dirige su área de negocio de forma que apoye la innovación y la competitividad en el mercado.
- Apoya los esfuerzos internos para mejorar los procesos y preparar la empresa para el futuro.

### Identificando El Desempeño

¿Crea este individuo **una ventaja competitiva?**

**¿Le he visto ...**
- ... aprovechar los factores diferenciadores siempre que sea posible?
- ... demostrar agilidad ante los nuevos desarrollos?
- ... adaptarse a las perturbaciones de la empresa?
- ... adoptar ideas innovadoras?

## DESCRIPCIÓN DEL RENDIMIENTO DE
# INNOVACIÓN
### Líderes

## Descripciones De Rendimiento

### Desarrollo necesario:

* Gestiona su equipo con una conexión limitada con esfuerzos más amplios para innovar o mejorar la competitividad en el mercado.
* No enfoca su equipo en la innovación, lo que inhibe las oportunidades de cambio.

### Sobreutilizado:

* Innova en reacción a fuerzas competitivas momentáneas que no son importantes a largo plazo.
* Dedica demasiado tiempo a explorar nuevos enfoques sin dar prioridad a la eficacia actual.

## Identificando El Desempeño

¿Este individuo impulsa **el enfoque competitivo?**

**¿Le he visto ...**

* ...incubar la innovación en el equipo?
* ...centrar el equipo en sucesos externos?
* ...motivar al equipo para que experimente con nuevos enfoques?
* ...acelerar la adopción de mejores prácticas?

El ADN del innovador ofrece un enfoque más general para evaluar el rendimiento del personal en los comportamientos de innovación.

## CONVERSACIÓN PARA EVALUAR EL POTENCIAL DE LOS INNOVADORES
Buscar atributos y experiencias de diseño para crear capacidades

### ATRIBUTO DEL INNOVADDOR

| Pensador asociativo | Cuestionando | Observando | Networking | Experimentando |
|---|---|---|---|---|
| Los innovadores descubren nuevos rumbos conectando ideas de disciplinas aparentemente inconexas. | Los innovadores muestran una pasión por la investigación desafiante, a menudo cuestionando el status quo. | Los innovadores son observadores intensos. Observan a clientes, productos, tecnologías y empresas para ganar conocimiento. | Los innovadores encuentran y ponen a prueba sus ideas a través de una red diversa con especialidades y perspectivas muy variadas. | Los innovadores intentan constantemente nuevas experiencias y prueban nuevas ideas. Evitan convicciones y prueban hipótesis. |

### EN QUÉ FORMAS HAS OBSERVADO:

| | | | | |
|---|---|---|---|---|
| • Reconocimiento de patrones en diversos temas.<br>• Capacidad para analizar múltiples disciplinas técnicas.<br>• Intuitivo y divergente.<br>• Pensamiento no lineal.<br>• Visionario imaginativo.<br>• Reflexivo. | • Curiosidad insaciable, cava a un nivel más profundo.<br>• Juguetón/humorístico<br>• Crear enunciados de problemas.<br>• Inquisitivo, generador de preguntas.<br>• Constante "Si probamos esto, ¿qué pasaría?"<br>• Desafía el status quo.<br>• Las preguntas provocan nuevas ideas, conexiones y posibilidades. | • Deambular, viajar y buscar el movimiento y la interacción de las ideas.<br>• Abierto a nuevas ideas y experiencias.<br>• No atarse a una sola idea o hipótesis.<br>• Mentalidad oportunista que identifica lagunas.<br>• Escucha y sondea al cliente. | • Colaboración situacional.<br>• Colaborar con otros expertos en función de la idea.<br>• Valorar a otras personas con ideas y aptitudes divergentes y hacerlos valer.<br>• Articular las ideas en la comunicación. | • Práctico, se involucra.<br>• Centrarse en incertidumbres para hacer avanzar las cosas.<br>• No tener miedo a matar un proyecto (fracasos rápidos).<br>• Abierto a nueva información.<br>• No atado a una sola idea.<br>• Busca activamente golpes mortales. |

*Jeffrey H. Dyer, Hal B. Gregersen y Clayton M. Christensen. "El ADN del innovador". Harvard Business Review, diciembre de 2009*

# EDUCACIÓN

## Educación continua: los conocimientos se agotan

Muchos líderes en innovación elaboran diapositivas de PowerPoint asombrosas sobre el valor del proceso de innovación y realizan presentaciones asombrosas sobre el poder del design thinking (pensamiento de diseño), pero siempre hay personas dentro de la organización que no tienen ni idea de innovación o de cómo aplicar el proceso de forma eficaz. ¿Cómo mantener una cultura de la innovación cuando la realidad es que el conocimiento de la innovación es un recipiente agujereado? Ha trabajado duro para llenar esos recipientes inicialmente con el aprendizaje y la aplicación de la innovación. ¿Cómo mantenerlos llenos?

> *Para luchar contra la inevitable pérdida de conocimientos, considere gotas de conocimiento.*

Chick—fil—A estaba experimentando un gran crecimiento y cambios rápidos. La gente cambiaba de funciones y puestos cada año. Resultaba difícil mantener la innovación como capacidad corporativa debido a la gran urgencia por obtener resultados. Sin embargo, los equipos que aplicaban el proceso de innovación obtenían los mejores resultados. La pregunta clave era ¿cómo seguir obteniendo resultados mediante la aplicación del proceso de innovación cuando muchos jefes de equipo están tan ocupados con las exigencias de su trabajo actual que acortan el proceso o lo ignoran por completo?

Para responder a esta pregunta, empezaron a organizar reuniones mensuales de intercambio de conocimientos. Estas actividades mensuales reforzaban los principios en los que se basa el proceso de innovación y cómo aplicarlos. Se invitaba a toda la organización. Entre las actividades se incluían:

➤ Ver charlas TED con aplicación específica a las fases del proceso de innovación, como escuchar, diseñar y crear prototipos, seguidas de un debate de 20 minutos. El debate posterior al vídeo fue esencial porque permitió a los asistentes aplicar lo que acababan de escuchar. Hay que tener cuidado para asegurarse de que el tema debe debatirse en el contexto de su organización.

➤ Experimentar técnicas de improvisación para mejorar el intercambio eficaz de ideas. Al principio era escéptico sobre el poder de las técnicas de improvisación, pero después de experimentarlo me he convertido por completo. No pienses en la improvisación como en vergonzosos arrebatos y ruidos o en la presión de pensar frente a una multitud. Los métodos de improvisación te enseñan a formar ideas en tu cabeza rápidamente y a compartirlas sin que tu voz interior juzgue su calidad. Las técnicas también pueden ayudar a su personal a aprender a escuchar la esencia de una idea y añadirle algo rápidamente. Es una habilidad clave que no debe pasarse por alto en las organizaciones innovadoras.

➤ Organice series de almuerzos y charlas con invitados de organizaciones innovadoras inspiradoras como Pixar, Lego, así como planificadores comunitarios, artistas, ejecutivos de organizaciones sin fines de lucro, etc. Le sorprenderá saber quién dirá que sí con solo pedírselo. Cuando piense en una serie de ponentes, piense en personas ajenas a la organización, el tipo de personas con las que usted y su personal no suelen encontrarse o incluso con las que no coinciden. Piense en sus funciones operativas clave; ¿qué otros equipos desempeñan una función similar pero en un sector diferente? Recibir en una entrevista a alguien con responsabilidades similares dentro de una organización externa puede resultar interesante. El anfitrión puede explorar los procesos de innovación que utiliza el invitado, los retos a los que se enfrenta, los éxitos, las mejores prácticas, etc. en un entorno de preguntas y respuestas. Un debate sobre las soluciones con las que ha experimentado el invitado y lo que cree que vendrá a continuación puede desbloquear ideas dinámicas en su personal que tal vez nunca hayan contemplado antes.

➤ Realice excursiones o estudios de campo a centros de innovación de otras empresas para aprender cómo hacen la innovación. Muchas empresas están encantadas de organizar una visita a su centro de innovación seguida de un debate informal sobre innovación. Anime a su personal a participar activamente anotando sus observaciones durante la visita para que puedan hacer las preguntas pertinentes después. Una vez organicé una visita a Hatch, el centro de innovación de Chick—fil—A, y me di cuenta de que el grupo parecía desinteresado y abiertamente curioso. Pasamos casi dos horas juntos y nadie tomó notas ni hizo preguntas interesantes. Tras su visita, me hice una idea bastante clara de la solidez de su cultura y capacidad de innovación.

No se desilusione si al principio sus eventos no tienen mucha asistencia. En una empresa, de un total de 2.000 empleados, sólo asisten una media de 40 a 60 personas a cada tipo de evento de intercambio de conocimientos. ¿Es eso un éxito? ¿Vale la pena el esfuerzo? La respuesta es sí, si el evento es una de las muchas oportunidades que tiene el personal de participar en experiencias que conducen a una mayor perspicacia innovadora. En este caso, se trata de 40 a 60 personas al mes que se convirtieron en un hilo conductor más fuerte de la innovación, fortaleciendo el tejido más amplio de la cultura de innovación de la empresa. No deje nunca de mejorar y experimentar con todo tipo de eventos. Sea creativo. Aplique un margen de tres años para crear prototipos y aprender. Con el tiempo, descubrirá que hay asistentes habituales deseosos de convertirse en grandes innovadores. Pídales que le ayuden a diseñar y organizar sus propios eventos. Con el tiempo, se sorprenderá de la cantidad de gente a la que ha influido. No se rinda.

> *Una cultura de la innovación necesita gotas de conocimiento porque el conocimiento se pierde.*

## Módulos de aprendizaje: más allá de las gotas de conocimiento

En el capítulo 3, hablamos de la importancia de establecer un lenguaje común. Este lenguaje se establece al principio del viaje de su organización para convertirse en una organización innovadora. Si no existen sistemas que aseguren y preserven el lenguaje, la cultura de la innovación que tanto le costó establecer perderá sentido, ya que su lenguaje se diluirá y quedará a merced de diversas interpretaciones individuales. Garantizar que una cultura de innovación productiva perdure requiere educación a través de módulos de aprendizaje.

Los módulos de aprendizaje, como los cursos educativos o las clases magistrales, son importantes para su cartera educativa. Proporcionan un marco para la formación interactiva sobre cuáles son los procesos de innovación en su empresa, por qué son esenciales y cómo y cuándo utilizarlos. Muchas empresas con culturas de innovación ofrecen a los nuevos empleados módulos de aprendizaje introductorios como "Innovación 101: a la manera de IBM", "a la manera de Disney", "a la manera de *rellene* el espacio en blanco con el nombre de su empresa".

Estos módulos se utilizan durante la orientación para incorporar al nuevo integrante del equipo y reforzar que se han incorporado en una organización de innovación. Planifique la actualización de los componentes de aprendizaje cada dos años para mantenerse al día y presentar el contenido de forma que sea relevante para su público. (No hay nada inspirador ni innovador en un módulo de aprendizaje sobre innovación que parece rodado con un iPhone de primera generación en un entorno homogéneo).

Más allá de una introducción a su cultura y capacidades de innovación, puede crear módulos de contenido breves basados en temas esenciales que el personal debe conocer si quiere estar preparado para ser innovador. Yo recomendaría formatos de vídeo que no duren más de cinco minutos. Lo mejor son los contenidos breves, sobre todo si el público está compuesto por altos directivos. Muchos de ellos, como hemos aprendido, no se toman el tiempo necesario para invertir en su yo innovador. No tienen tiempo para sentarse a comer, así que es mejor darles un bocado rápido para llevar. Los segmentos cortos también son menos costosos de producir y actualizar. Si se hacen bien, estos módulos de aprendizaje pueden acompañar al personal a lo largo de todo su programa de aprendizaje y desarrollo.

## CREACIÓN DE UNA COMUNIDAD DE PROFESIONALES DE LA INNOVACIÓN (CoPI)

Doy por sentado que ha decidido crear un modelo descentralizado de innovación, en el que la innovación es algo que todo el mundo puede hacer y una mentalidad que todo el mundo debería tener. De ello se deduce que, con el tiempo, establecerá una comunidad de profesionales. En los primeros años, esta comunidad puede ser pequeña, y eso está bien. Estas personas son como usuarios avanzados de software que conocen la tecnología por dentro y por fuera. Tienen sus propios grupos de usuarios para hablar de lo que han aprendido, de los atajos, etc., y se les conoce como los expertos a los que acudir en busca de ayuda y consejo. Fomente un tipo similar de grupo de usuarios avanzados para las personas que aman la innovación.

Los usuarios avanzados de la innovación son personas que desean el máximo nivel de dominio en lo que respecta a la innovación. ¿Por qué? Porque saben que funciona. Han visto que da resultados y quieren aprender más. Este grupo de usuarios avanzados de la innovación es su Comunidad de Profesionales de la Innovación (CoPI).

Como cualquier comunidad sana, los miembros de la CoPI tienen un sentimiento único de comunidad y pertenencia que no pueden conseguir en ningún otro sitio. Eso es lo que hace especiales a las comunidades. Cuanto más intensamente centrada en un tema esté la comunidad, más estrechos serán los lazos y más profundo será el compromiso de los miembros con el servicio previo a la salud de su grupo. La concentración en la innovación puede ser intensa debido a su naturaleza especializada. Las habilidades que los miembros adquieren con el tiempo, como facilitar sesiones de ideación, realizar análisis de la raíz causante del problema, la organización de talleres de improvisación, etc., son especializadas. Cuanto más especializadas son las habilidades, más poderoso es el pegamento intelectual que une a estos innovadores. Su influencia en la cultura y la capacidad de innovación puede ser inmensa.

Alguien debe asumir la responsabilidad de gestionar el CoPI. Esta persona debe sentir más pasión por la creación de innovadores que por la innovación y creer que la creación de innovadores eficaces dará lugar a innovaciones más valiosas.

## Responsabilidades del director del CoPI

➤ **Establecer el enunciado de objetivos del CoPI.** Esta declaración es más poderosa cuando es co—creada por unos pocos usuarios con poder de innovación. Describe la razón por la que existe este grupo.

➤ **Articular las ventajas de formar parte del CoPI y las expectativas de los miembros.** Se trata de algo que debe conectar bien con las normas de organización existentes, pero también ser lo suficientemente único como para diferenciarse de su trabajo principal.

➤ **Trazar el itinerario de desarrollo de los miembros.** El desarrollo personal intencionado es la esencia de la motivación de los afiliados. Conocer cómo es el recorrido de desarrollo proporciona hitos que mantienen a los miembros motivados y entusiasmados con el CoPI. Por ejemplo, cree un sistema de insignias. Cuando asisten a una clase de formación, obtienen una insignia. Cuando lean un libro como El ADN del innovador o Las preguntas son la respuesta, obtendrán una insignia. Cuando participan en un proyecto de innovación, obtienen una insignia. Las insignias no deben tomarse a la ligera. Debe ser algo importante reconocido por los altos directivos. Las insignias deben poder incluirse en las firmas de correo electrónico, en los pines de las bolsas, en las pegatinas de las ventanas de las oficinas, en los perfiles del personal en el directorio de la empresa, etc.

➤ **Proporcione beneficios a las insignias.** Las recompensas motivan, y diseñar un programa de recompensas requiere una intencionalidad acorde. Deben asociarse beneficios específicos a determinados niveles de insignias. Por ejemplo, después de obtener un cierto número o ciertos tipos de insignias, el miembro recibe la membresía gratuita a Innovation Leader y la aprobación para asistir a sus Estudios de Campo, o un pase/boleto VIP para SXSW en Austin o la Conferencia de Ideas en Vail o visitar el Instituto Disney, u otras experiencias relacionadas con la innovación.

➤ **Reconocer el dominio con oportunidad.** También puede haber otros aspectos de la nivelación que incluyan el reconocimiento del dominio de la innovación que permite al miembro hacer más por el CoPI. Alcanzar un determinado nivel puede permitir al miembro convertirse en formador/

capacitador de innovación. Otro nivel da al miembro la oportunidad de ser un coach de innovación, un líder de pensamiento departamental para ayudar a los equipos de proyecto a avanzar en el proceso de innovación de manera más eficiente. En otro nivel, un miembro puede convertirse en maestro innovador y tener la oportunidad de crear contenidos y actividades nuevas para el CoPI.

➤ **Reconocer las actividades y los logros de los miembros del CoPI.** ¿Qué es una comunidad sin narración de historias y tradiciones? Crear una experiencia de microexplosión que reconozca a los individuos de forma única crea historias. Las celebraciones periódicas cuando alguien consigue una nueva insignia o sube de nivel crean una motivación intrínseca para los miembros de la CoPI. Comunicar estos logros debería ser algo tan sencillo como un correo electrónico a todo el staff o una mención durante una reunión de personal. Una empresa hace sonar una enorme campana que todo el campus puede oír. Otra instaló bombillas Wi—Fi multicolores en las salas de reuniones que cambian de color cuando alguien sube de nivel. Se puede pintar una plaza de aparcamiento de primera con un icono de innovación que el miembro del CoPI puede utilizar durante una semana. Las posibilidades son infinitas y los beneficios también. Estas micro—celebraciones no solo crean historias, sino también interés, el alma de la comunidad CoPI.

# ESTRATEGIA DE COMUNICACIÓN

El adagio "ojos que no ven, corazón que no siente" no es más cierto que en la práctica de la innovación dentro de una organización. La mayoría de los empleados de las organizaciones no se consideran innovadores ni tienen la capacidad de pensar de forma innovadora. La mayoría se dedica a gestionar los retos actuales con una mentalidad de "lo que es". Los conceptos dentro de la innovación deben encontrar constantemente formas nuevas e interesantes de romper el desorden de "lo que es" y obligar al personal a enfocar su trabajo a través de una forma de pensar del tipo "qué pasaría si...". Romper este desorden no es tarea fácil. Requiere intencionalidad y creatividad en la resolución de problemas. La moneda de la comunicación tiene dos caras. Una es la prioridad y la otra la publicidad.

## Prioridad

La competencia por la atención del personal puede ser feroz. Y cuanto más grande es la organización y más complejo el modelo empresarial, más difícil es captar la atención del personal a través de los canales de comunicación corporativos. Cada departamento cree que su mensaje es el más urgente y el más importante. (Bendita sea la persona responsable de coordinar y crear las comunicaciones internas. Es un trabajo increíblemente difícil. Deben hacer malabarismos con una montaña de mensajes que compiten entre sí y asignarlos a las prioridades corporativas y alinearlos con las ventanas de producción que inevitablemente se ven desafiadas por peticiones de última hora). Entonces, ¿cómo se supone que los mensajes de innovación se abren paso entre esta sopa de procedimientos de comunicación corporativa?

La realidad es que el "qué pasaría si..." suele salir perdiendo cuando se enfrenta a "lo que es", a menos que el líder que decide lo que entra y lo que no entra en las comunicaciones internas del personal le dé la misma prioridad. Será imperativo que esta persona entienda que está creando una cultura de la innovación que requiere un estímulo y una comunicación constantes. La historia de la organización de la innovación que está creando debe contarse primero al personal de comunicación de la empresa. Tienen que apoyarla y sentirse obligados a ayudar a crear una cultura de innovación dentro del departamento de comunicación corporativa. Será más fácil dar prioridad a las historias de innovación sobre las demás cuando el equipo de comunicación corporativa crea en el valor de crear una organización de innovación.

## Estrategia de contenidos

Con el apoyo de un líder de alto nivel y el equipo de comunicaciones corporativas, su papel es crear un gran contenido y tenerlo listo para su publicación a intervalos regulares. Piense que está publicando una revista mensual sobre la creación y el mantenimiento de una organización innovadora. Las ideas de última hora para los artículos no servirán. Las revistas exigen la presentación de contenidos entre sesenta y noventa días antes de la fecha de publicación. Utilícelo como marco de referencia y desarrolle un gran contenido varias semanas antes de la fecha en que desea incluirlo en los canales de comunicación corporativos.

La mejor manera de garantizar una presencia constante de grandes contenidos relacionados con la innovación es crear una estrategia de contenidos: ¿quién es su público, qué quiere que piense, sienta y haga? Identifique uno o varios temas anuales, como "liderar con mentalidad innovadora" o "el proceso de innovación". Identifique los canales y formatos de distribución y piense cómo puede variar el canal para mantener el interés. Cree un calendario de contenidos que incluya un borrador y las fechas finales de entrega de cada contenido que prepare. Hágalo para todo el año, de modo que sepa exactamente qué hay que hacer y cuándo.

## Publicidad interna

La calidad del mensaje tiene mucho que ver con que se dé prioridad a la historia de la innovación frente a otros temas. Las "acrobacias" publicitarias proporcionan al equipo de comunicación corporativa un contenido que destaca de la habitual nota de un solo párrafo. Los eventos relacionados con la innovación, como las entregas de conocimientos y las "noticias de última hora", incluidos los premios insignia, son un buen material para breves golpes publicitarios. Estas maniobras noticiosas no tienen por qué ser producciones exageradas, pero requieren cierta coreografía.

Varias veces al año, como parte de su plan de comunicación anual, deben crearse contenidos que sean historias destacadas presentadas de forma rompedora. Su producción requerirá cierto presupuesto para presentaciones de diapositivas, fotos, vídeos, animaciones u otros formatos de presentación interesantes. Los temas pueden ir desde vídeos de recapitulación de eventos relacionados con la innovación, imágenes de excursiones, ceremonias de entrega de premios por logros de nivel, etc. Lo más importante aquí es que la publicidad mantiene alta la conciencia de la innovación entre el personal y requiere un plan de comunicación estratégica anual. La preparación y la planificación son necesarias, por lo que los recursos deben asegurarse en el proceso presupuestario.

## Día de la innovación

Quizá la mayor oportunidad de publicidad sea organizar un Día de la Innovación. Se trata de un día, una vez al año, en el que todo el personal puede reunirse y sumergirse en todo lo relacionado con la innovación en su organización. Considéralo como un campamento de innovación de un día de duración. Los objetivos principales de esta jornada son reconocer las innovaciones actuales y a sus responsables, y transportar a los asistentes a un espacio mental diferente a través de experiencias únicas que estimulen un mayor nivel de curiosidad por la innovación y el deseo de formar parte de ella. Las actividades podrían incluir:

➤ Celebrar los proyectos de innovación y sus equipos que se hayan puesto en marcha durante ese año.

➤ Reconocer a las personas del CoPI que hayan alcanzado determinadas insignias y niveles.

➤ Acoger a oradores invitados especiales.

➤ Crear atracciones novedosas como arte en 3D en las aceras, pintura mural en vivo, artistas musicales inusuales, proveedores locales de comida o bebida únicos.

➤ Organizar un discurso de apertura a cargo de un alto dirigente.

➤ Impartir clases breves en las que se enseñan conceptos de innovación.

➤ Proveer opciones de fotografías y contenido para redes sociales.

➤ Construir exposiciones en las que los asistentes puedan informarse sobre las oportunidades de participar en próximos eventos, insignias y niveles, etc.

La publicidad interna también incluye la redacción de mensajes clave para que los principales líderes los reciten cuando se dirijan a una multitud. Asegúrese de que siempre estén equipados con la historia y el lenguaje más recientes para presentar un caso convincente de contenido relacionado con la innovación cuando se encuentren entre colegas. La concienciación sobre la innovación requiere repetición. La repetición de mensajes clave por parte de los líderes refuerza el lenguaje común de la cultura de la innovación que se está trabajando para establecer. Recuerde que la innovación puede pasar desapercibida.

Los líderes de las organizaciones que deseen crear una cultura de innovación deben llevar el estandarte de forma continua o la cultura de innovación puede verse afectada.

## SEÑALES DE QUE UNA CULTURA DE INNOVACIÓN ESTÁ TOMANDO FORMA

*La innovación se produce cuando un empleado desarrolla, promueve y pone en práctica nuevas ideas que son componentes clave del comportamiento laboral innovador de los empleados.*

—(IWB) *(Janssen, 2000)*

### Informe de innovación

El informe de innovación es el instrumento que cuenta la historia completa de la innovación en su organización. Al principio, el informe puede ser sólo un folleto delgado que destaca los proyectos que han despegado en el año, los equipos que hicieron el trabajo y el resultado. Cada año, el informe debe ser más completo. A menos que su organización disponga de una aplicación de gestión de proyectos de innovación, la obtención de información sobre los proyectos requiere un poco de investigación. Una forma de hacerlo es enviar una solicitud de información al jefe de cada departamento y a su CoPI, que pueden ayudarle a recopilar información sobre los proyectos de sus respectivos departamentos. Las presentaciones deben incluir de tres a cinco fotos del trabajo de cada equipo que ilustran el progreso de su idea. El informe puede ser trimestral o anual, dependiendo de la naturaleza de su empresa.

Descripciones a incluir en el Informe de Innovación:

➤ ¿Cuál es el nombre del proyecto?

➤ ¿Por qué es importante el proyecto? ¿Qué problema resuelve?

➤ ¿Quién realiza el trabajo?

➤ ¿Cómo se ha aplicado el proceso de innovación?

➤ ¿Cuánto dinero se ha destinado al proyecto?

➤ ¿Cuánto dinero se ha gastado realmente?

➤ ¿Cuál era el resultado esperado (valor)?

➤ ¿Cuál ha sido el resultado (valor) real?

## Medir el valor de la innovación

La métrica más común para la mayoría de los proyectos de innovación es su rentabilidad financiera, lo cual es desafortunado. Las innovaciones no siempre se rentabilizan inicialmente en dólares. Muchas veces, las inversiones en innovación proporcionan un aprendizaje que la organización puede utilizar para crear valor en otras áreas.

Tomemos el ejemplo común de las notas Post—it. El Dr. Spencer Silver, científico de 3M, se afanaba investigando adhesivos en el laboratorio. En el proceso, descubrió algo peculiar: un adhesivo que se pegaba ligeramente a las superficies pero no se adhería firmemente a ellas. *"Mi trabajo como investigador consistía en desarrollar nuevos adhesivos, y en aquella época queríamos desarrollar adhesivos más grandes, fuertes y resistentes. Esto no era nada de eso".*

Lo que Silver descubrió fueron unas microesferas que conservan su pegajosidad pero con un "carácter removible" que permite despegar fácilmente las superficies adheridas. Durante años, Silver luchó por encontrar un uso para su invento. Pero eso no le impidió pregonar los méritos de su creación a sus colegas. Se ganó el apodo de "Sr. Persistente" porque no se daba por vencido. Mientras tanto, Art Fry, otro científico de 3M, estaba frustrado. Cada miércoles por la noche, mientras ensayaba con el coro de su iglesia, utilizaba pequeños trozos de papel para marcar los himnos que iban a cantar en el siguiente servicio.

El domingo se daba cuenta de que todos se habían caído del himnario. Necesitaba un marcapáginas que se adhiriera al papel sin dañar las páginas. El resto es historia [23].

Si el valor de la innovación no es siempre un rendimiento financiero, ¿cuál es la mejor forma de calcularlo? Muchas empresas analizan primero los dólares invertidos en un proyecto de innovación. ¿Cómo saber cuál debe ser el importe correcto de la inversión en innovación? A muchas empresas les cuesta responder a esta pregunta. ¿Debería consultar los datos del mercado y los estudios de casos para saber cuánto debería invertir su organización en innovación? Tal vez, pero debe hacerse con mucha cautela.

Sabemos que Amazon gasta diez veces más que Wal—Mart en innovación. Se han realizado comparaciones similares en farmacia, tecnología financiera, tecnología e incluso organismos gubernamentales. ¿Hay que guiarse por el porcentaje de ingresos que estas empresas dedican a la innovación? Aunque es interesante, no es muy aplicable porque el coste de la innovación en un sector puede ser muy diferente del de otro. Puede que incluso sepa cuánto gasta su competidor en innovación e invierta en consecuencia.

La cantidad en dólares sigue sin ser relevante, ya que se trata del valor de la innovación y de lo que el competidor recibe de su inversión en innovación. Si basa la inversión en innovación de su organización en lo que gasta su competidor, y éste no está obteniendo valor de su inversión porque está innovando mal, corre el riesgo de invertir demasiado en innovación por innovar y no invertir para alcanzar los objetivos estratégicos de su empresa.

El argumento a favor de la innovación debe basarse en el valor, no en los dólares invertidos. La pregunta que deberían hacerse los ejecutivos es ¿Cuál es el valor de la innovación? Por supuesto, la respuesta depende de cómo defina "valor" cada proyecto de innovación. Podría ser cualquier cosa, desde la retención de clientes, el compromiso de los empleados, la productividad, la lealtad, la reducción de defectos, hasta la penetración en nuevos mercados, o algo más exacto para la organización. Identificar la medición del valor puede ser una buena oportunidad para pedir ayuda para que su equipo de innovación se sienta en el equipo de planificación. Todas estas cuestiones forman parte de la gestión global de la innovación, no de un ejercicio separado de planificación presupuestaria anual. [24] Un cuadro de mando de la innovación debe incluir, como mínimo, los valores de los dólares reales gastados, un resumen de las actividades relacionadas con cada proyecto de innovación y el impacto de cada actividad.

*"Cuando se mide el rendimiento, éste mejora. Cuando el rendimiento se mide y se informa sobre él, el ritmo de mejora se acelera".*

—La ley de Pearson

## Conversaciones

Si la cultura de la innovación está empezando a arraigarse en su organización, observará que en las salas de reuniones, los despachos y los pasillos se producen distintos tipos de conversaciones. La mayor diferencia que oirá es que se hacen más preguntas y menos declaraciones. Hay un tono de curiosidad y menos de autoridad en la materia. Es de esperar que lo note en su propio comportamiento y en las reuniones con sus colegas.

La otra característica de una cultura de la innovación que puede observar es que las personas de diferentes áreas de la organización que normalmente no se cruzan, ahora hablan regularmente entre sí. Se han formado redes como las que hemos analizado en este libro, que desempeñan un papel fundamental en la creación de mejores ideas. En las culturas de la innovación, las conversaciones sobre el trabajo tienen un componente interfuncional.

## Colaboración

*Si quieres ir rápido, ve solo. Si quieres llegar lejos, ve acompañado.*

—Proverbio africano

Si hay un factor del que dependen los seis principios de la innovación esencial, es sin duda el concepto de colaboración. Recordemos que la fuerza de la cultura de la innovación en los subdepartamentos determina el grado de innovación global de una empresa. La fuerza de la cultura de la innovación depende de lo bien que colaboren los equipos. Una señal inequívoca de que la innovación está arraigándose es la presencia de una colaboración generalizada.

En "Breaking Down the Barriers to Innovation: Build the Habits and Routines That Lead to Growth", (*Derribando las barreras de la innovación: crea los hábitos y rutinas que conduzcan al crecimiento*) los autores descubrieron que la colaboración dentro y fuera de la organización y la polinización cruzada activa son comportamientos de las empresas más innovadoras que estudiaron. A través de grupos de enfoque con empleados, las siguientes características de colaboración fueron las respuestas a "¿No sería genial si...?".

➤ ¿Creáramos equipos interfuncionales con experiencia y puntos de vista de distintas partes de la organización?

➤ ¿Se hiciera hincapié en los objetivos colectivos, frente a los individuales?

➤ ¿Fuéramos transparentes y francos a la vez que respetuosos?

➤ ¿Pudiéramos proporcionar visibilidad y transparencia sobre las iniciativas?

Imagina que pides a tus empleados, a través de una aplicación de votación anónima, que puntúen cómo se sienten respecto a cada característica cada vez que se reúne tu equipo. En una escala del 1 al 10, en la que 1 es deficiente y 10 un sobresaliente, ¿cómo puntuaría su equipo cada característica? Esta encuesta puede cambiar las reglas del juego. Podría sacar a la luz lo que el equipo cree que son las barreras a la colaboración. Comprenderlo es el primer paso para lograr equipos de alto rendimiento y colaboración que conduzcan a innovaciones de gran valor.[25]

Otro método para evaluar la colaboración en equipo es una encuesta de colaboración. *Collaborative Coaching* ofrece una evaluación en línea gratuita de la salud de la colaboración en equipo.[26] Proporciona un punto de partida para discusiones de equipo saludables. Los expertos en trabajo en equipo, como *The Table Group*, ofrecen herramientas que permiten realizar una evaluación más exhaustiva del equipo.

Recuerde que crear una cultura y una capacidad de innovación es como crear un jardín comunitario. A todo el mundo le encanta la idea y cree que será valiosa, pero con demasiada frecuencia fracasa al cabo de unas pocas temporadas. Las razones son varias. Incluso después de un buen comienzo con nuevas jardineras, tierra fresca, herramientas limpias y un acto de inauguración, la gente pronto se olvida de que está ahí. Otros huertos fracasan porque los vecinos que se ofrecen como voluntarios para participar no reciben instrucciones sobre cómo cuidar las plantas jóvenes, cuándo recoger y cuándo podar, o cómo utilizar las herramientas de forma eficaz. Y otros fracasan porque sólo unos pocos vecinos prueban la abundancia que produce el huerto, de modo que su valor pasa desapercibido para la mayoría del vecindario. Un huerto comunitario es fácil de poner en marcha, pero cuesta mucho trabajo mantenerlo. Lo mismo ocurre con la cultura de la innovación. Los temas que se presentan en este capítulo son recetas para crear un huerto de innovación sano y dinámico que ayude a garantizar el éxito a largo plazo.

# APLÍCALO

**REFLEXIÓN:**

¿Hasta qué punto puedo y quiero influir para que la comunicación de la innovación sea una prioridad? ¿Hasta qué punto estoy dispuesto a dedicar tiempo y energía a crear una cultura de innovación sostenible?

**REACCIÓN:**

¿A qué retos nos enfrentaremos como organización a la hora de dar a la narración de historias de innovación la prioridad que le corresponde frente a otros aspectos tradicionales de nuestros imperativos organizativos? ¿En qué medida ayudarán nuestros equipos de aprendizaje y desarrollo o de formación a crear módulos de aprendizaje de la innovación? ¿Quién debería ser mi socio?

**ACCIÓN:**

¿Cuál es el valor de nuestra innovación? ¿Cuándo publicaré un informe sobre innovación? ¿Qué funciones debemos cambiar y/o crear ahora en nuestra organización para garantizar adecuadamente que la innovación se mantenga y prospere a largo plazo?

# SECRETOS ESENCIALES

**7**

# CUESTIONAR LA AUTORIDAD

*En lugar de ser la persona más inteligente de la sala, sé la más inteligente al salir de ella por todas las grandes preguntas que hiciste mientras estabas allí.*

*"Mi mayor fortaleza como consultor es ser ignorante y hacer unas cuantas preguntas".*

—Peter Drucker

¿Qué importancia tienen las preguntas? Todo lo que ha existido comenzó con una pregunta. Incluso la caída de la humanidad en el Jardín del Edén comenzó con una pregunta.

*"Y la serpiente era más astuta que todos los animales del campo que Jehová Dios había hecho. Y dijo a la mujer: '¿Acaso ha dicho Dios: No comerás de ningún árbol del jardín?'"*

—Génesis 3:1

Esa pregunta sembró la semilla de otras preguntas que siguieron. Una llevó a la otra hasta que las respuestas finalmente condujeron a la acción, que llevó a la primera pregunta de Dios.

*Entonces el Señor Dios llamó al hombre y le dijo: "¿Dónde estás?".*

—GÉNESIS 3:9

Las innovaciones a lo largo de la historia comenzaron con una pregunta. Desde la navegación náutica hasta Netflix, en algún momento alguien hizo una sola pregunta, que dio lugar a más. Resulta tentador no formular las preguntas más difíciles y provocadoras, porque son las más difíciles de responder. Sin embargo, a veces son las preguntas más difíciles las que conducen a respuestas innovadoras.

Las consecuencias de las preguntas sin respuesta no se comparan con las de las preguntas sin respuesta.

*"Los grandes avances no proceden de personas que se aferran a la certeza de sus respuestas, sino de personas que tienen el valor de aferrarse a la incertidumbre de sus preguntas".*

—OLIVIA FOX CABANE Y JUDAH POLLACK,

*La red y la mariposa*

Según Clayton Christensen, la mayoría de los líderes empresariales consideran que las preguntas son "ineficaces". No es de extrañar. Alrededor de la escuela secundaria, las preguntas empezaron a tener connotaciones negativas. El profesor se convirtió en nuestra persona más importante y saber la respuesta sólo a su pregunta se convirtió en una importante fuente de reconocimiento y recompensa. También nos dimos cuenta de que cuestionar al profesor sobre sus preguntas tenía un efecto negativo, y simplemente responder a la pregunta se convirtió en la respuesta condicionada (y más segura). En consecuencia, aprendimos a guiarnos por las respuestas y, cuando entramos en la universidad, habíamos perdido la capacidad de hacer preguntas curiosas y transformadoras.

Este condicionamiento de necesitar siempre tener las respuestas correctas puede ser bueno para la promoción profesional, pero es un asesino de la innovación. Somos expertos sólo en respuestas, lo que nos hace pésimos en innovación. Si queremos ser grandes innovadores capaces de modelar la mentalidad del innovador y, con el tiempo, crear una organización innovadora, debemos matar la parte de nosotros que se siente obligada a tener siempre las respuestas correctas y revivir la parte de nuestra mente que hace preguntas. Debemos convertirnos en expertos en la formulación de grandes preguntas.

*Quien piensa pero no aprende corre un gran peligro.*

—Confucius.

Los conocedores pueden acabar con la innovación. Los sabihondos son alumnos que dejaron de aprender porque dejaron de hacer preguntas. Los sabelotodos acaban reduciendo las innovaciones revolucionarias. En cambio, la curiosidad alimenta a los aprendices. Las preguntas nos convierten a todos en aprendices. Los aprendices lideran la innovación.

| CONOCE-DORES | EXPERIENCIA | INCURIOSO | SE CONVIERTEN EN MALOS PREGUNTONES |

Decaen las innovaciones revolucionarias

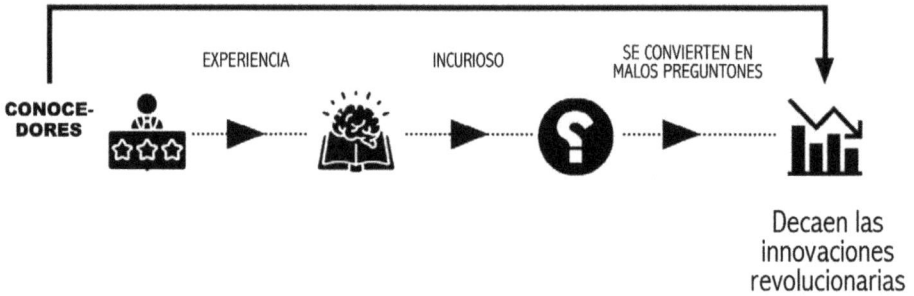

> *Creo que la medida de que tan buen líder soy está determinada por que tan buen aprendiz soy, y aprendo más cuando la gente confía en que estoy abierto a aprender de sus ideas.*

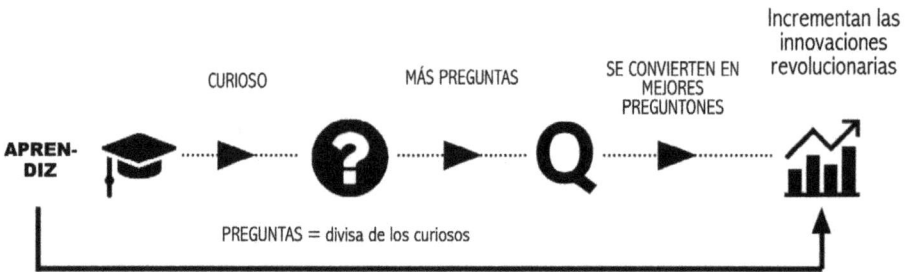

Incrementan las innovaciones revolucionarias

| APREN-DIZ | CURIOSO | MÁS PREGUNTAS | SE CONVIERTEN EN MEJORES PREGUNTONES |

PREGUNTAS = divisa de los curiosos

Tener la respuesta correcta es una característica anticuada de los grandes líderes. En un mundo moderno de cambio incesante, cada vez hay menos "respuestas correctas". Los líderes de éxito del futuro serán expertos en hacer grandes preguntas. El reto es que las grandes preguntas proceden de la ingenuidad, no de la experiencia. La primera pregunta nunca es la mejor, así que haz un montón de ellas y, con el tiempo, se formulará la mejor pregunta correcta.

Las preguntas conducen a conversaciones productivas. Las afirmaciones, por el contrario, pueden llevar a conversaciones improductivas. Esto puede ocurrir de tres maneras:

1. **Defender:** Si el oyente no está de acuerdo con la afirmación, debe defender su postura.

2. **Desviar:** Si la afirmación no está alineada con el curso esperado de la conversación, el oyente puede sentir que debe redirigirla de nuevo a su curso.

3. **Aplazar:** El oyente pospone su respuesta, cerrando así un diálogo productivo.

*Las preguntas son los amos. Las ideas son siervas.*

## EJERCICIOS PARA SER MEJOR PREGUNTADOR

Reúna a su equipo para realizar estos ejercicios, diseñados para resolver la paradoja ingenuo/experto. A través de experiencias prácticas e interactivas, aprenderá el valor de las preguntas y comprenderá el reto que supone formular las mejores. Su equipo adquirirá técnicas que le ayudarán a ser un mejor innovador, líder y creador de una cultura basada en las preguntas a través de la formulación de mejores preguntas.

### Primer ejercicio: Preguntas sin respuesta

Divida a todos los participantes al azar en grupos de tres. Durante dos minutos cada vez, un miembro del grupo describe una dificultad o reto de un proyecto en curso. Los otros dos participantes escuchan durante esos dos minutos, sin interrupciones. Al final de la descripción, los oyentes disponen de 10 minutos para hacer todas las preguntas que deseen (no se permiten afirmaciones). El autor del reto permanece en silencio y anota las preguntas más llamativas. Los papeles rotan hasta que cada persona del pequeño grupo haya tenido la oportunidad de compartir. (40 minutos)

Una vez finalizadas las rotaciones, reúna a todos en el grupo principal y pídales que compartan sus observaciones, aprendizajes y principales conclusiones. (15 minutos).

Este ejercicio demuestra el impacto que las preguntas pueden tener en tu forma de pensar y cómo las preguntas de personas que no están relacionadas con tu proyecto pueden hacer que veas tu proyecto de una forma completamente nueva. También demuestra cómo recibir preguntas. Cuando recibes preguntas sin la obligación de responder inmediatamente, tu mente se libera para considerar más a fondo tus respuestas y mejorar tu perspectiva.

## Segundo ejercicio: 8P

Divida a los participantes en grupos de dos al azar. El compañero que pregunta formula las ocho preguntas siguientes sobre un proyecto en el que esté trabajando la otra persona (puede ser el mismo proyecto del que se habló en el primer ejercicio). Si no tienen un proyecto actual que describir, las preguntas pueden referirse a algo en lo que la persona podría trabajar en el futuro, a un proceso actual que necesita mejorar o a un obstáculo al que se enfrenta. El interlocutor anota las respuestas. Cada interlocutor tiene la oportunidad de compartir y anotar. (30 minutos)

## Las 8 preguntas estándar.

1. ¿Cuál es el problema?
2. ¿Quién sufre más a causa del problema?
3. ¿Cuál es el mayor dolor causado por este problema?
4. ¿Por qué existe este problema?
5. ¿Dónde encontrará soluciones?
6. ¿Por qué no hacer algo radical?
7. ¿Quién te ayudará?
8. ¿Cuándo es la fecha límite?

Al final de los 30 minutos, reúna a todos en el grupo principal y pídales que compartan sus observaciones, aprendizajes y principales conclusiones. (15 minutos)

Este ejercicio ilustra la diferencia entre las preguntas fluidas del primer ejercicio y el enfoque más estructurado del 8P, que puede influir en el pensamiento de distintas maneras.

Al final de las dos actividades, el facilitador del ejercicio de innovación plantea al grupo una serie de preguntas clave para el debate. No hay respuestas erróneas a estas preguntas. Estas preguntas están diseñadas para iniciar conversaciones sobre el papel que pueden desempeñar las preguntas para ayudar a su equipo a desarrollar un mejor pensamiento.

1. ¿En qué se diferenció el primer ejercicio del segundo?
2. ¿Qué enfoque es más importante? *(Sugerencia: se deben utilizar ambos)*
3. En qué medida fue valioso que otra persona hiciera preguntas sobre tu proyecto?
4. Las buenas preguntas no se hacen solas, sino que requieren práctica. ¿Quién será tu compañero de preguntas en el futuro?

*Si no aciertas la pregunta, no acertarás la respuesta.*

Las personas más ilustradas no son las que tienen buenas respuestas, sino las que tienen buenas preguntas.

Fomente la capacidad de preguntar. Inclúyalas en las evaluaciones de rendimiento y en los debates sobre desarrollo. Mida y haga un seguimiento de la capacidad de preguntar de los miembros de su equipo y de su inclinación a hacerlo. Para convertirse en una organización innovadora desarrollada, es esencial que las culturas de los subdepartamentos tengan forma de P y no de A. Las culturas con forma de P se alimentan de las preguntas. Las culturas en forma de P están alimentadas por la curiosidad y son prósperas fábricas de preguntas. En cambio, las culturas en forma de A aceptan como norma las jerarquías tradicionales basadas en afirmaciones. Progresará empleando la relación pregunta—afirmación y convirtiéndola en una rutina dentro de sus conversaciones. A medida que siga haciendo preguntas y fomentando esta habilidad en sus equipos, se convertirá en un experto en preguntas.

Para profundizar en la formulación de mejores preguntas, consulte Las preguntas son la respuesta, de Hal Gregersen, Leading With Questions, de Michael Marquardt, y A More Beautiful Question, de Warren Berger.

**8**

# ENCONTRANDO EL
# CRECIMIENTO FUTURO

¿**C**ómo se tiende un puente entre el presente y el futuro? ¿Dedica su organización tiempo y atención a un método de análisis de las micro y macro tendencias futuras y a la elaboración de planes adecuados? ¿Cuánto tiempo dedican usted o sus dirigentes a la planificación del futuro? ¿Puede identificar qué tendencias son realmente importantes y cuáles no? ¿Conoce la diferencia entre humo y señales? ¿Cómo sabe qué papel deben desempeñar usted y su personal en la planificación futura? En este capítulo se analiza cómo enfocar la planificación futura de forma que ofrezca una orientación práctica.

## POR QUÉ NO PODEMOS DEJAR ATRÁS EL PRESENTE

El mayor reto a la hora de identificar las perturbaciones y oportunidades futuras son las prioridades necesarias que tienen que ver con la gestión del presente. Pero nuestra tendencia a centrarnos en el presente va más allá de que nuestro trabajo esté anclado en objetivos anuales, informes trimestrales y actualizaciones mensuales de proyectos.

En su libro Lead From The Future, Mark W. Johnson y Josh Suskewicz hacen referencia al trabajo de los psicólogos y economistas conductuales Daniel Kahneman y Amos Tversky, que presentan sesgos cognitivos inherentes que limitan nuestro pensamiento al aquí y ahora y nos impiden ver las oportunidades y disrupciones a largo plazo. Hay más de 100 sesgos cognitivos en el Código de Sesgos Cognitivos.

Los sesgos son como anclas invisibles. Existen bajo la superficie de nuestra conciencia y nos impiden trazar nuevos rumbos y explorar nuevos horizontes. El crecimiento futuro depende de nuestra capacidad para proyectar el futuro: ver oportunidades futuras y dirigirnos hacia ellas o identificar amenazas futuras y evitarlas. Estos prejuicios pueden mantener nuestra mentalidad en las aguas tranquilas del presente y engañarnos haciéndonos creer que donde estamos hoy como empresa es el mejor lugar para estar en el futuro. Por eso es esencial ser consciente de estas anclas de sesgo y de cómo cada una de ellas puede influir en nuestras futuras decisiones de reparto. A medida que lea la siguiente explicación de los sesgos cognitivos más comunes, piense en cómo podrían estar apareciendo en su toma de decisiones, en particular con respecto a las futuras proyecciones.[27]

➤ *La racionalidad limitada es nuestro instinto para resolver problemas basándonos únicamente en la información que tenemos a mano.* Las decisiones futuras se enfrentan a una serie de ambigüedades o "incógnitas", como las describió Donald Rumsfeld, ex Secretario de Defensa de Estados Unidos. Cuando nos enfrentamos a la disyuntiva de realizar dos proyectos, uno de los cuales cuenta con una serie de datos que nos ayudan a tomar decisiones sobre los detalles del proyecto, y el otro tiene información muy limitada, la Racionalidad Limitada sugiere que elegiremos el proyecto que ofrezca más información.

Imaginemos que vamos a cenar a un restaurante nuevo que tiene un menú con docenas de platos. Inconscientemente, ignoramos los platos del menú con poca o ninguna descripción y sólo nos fijamos en los que ofrecen más detalles. El futuro es como un menú sin descripción, y nuestra tendencia es ignorarlo.

Otro componente de la Racionalidad Limitada es la presión que sentimos para tomar la decisión rápidamente. Cuanta más presión de tiempo sintamos, menos probable será que exploremos a fondo toda la información accesible y consideremos todas las opciones disponibles.

Si ha pasado por un restaurante de comida rápida, es probable que haya experimentado el componente de presión temporal de la Racionalidad Limitada. Si no hay coches detrás de usted en la cola, no se sentirá presionado a tomar una decisión precipitadamente. Puede examinar detenidamente todo el menú y considerar todas las opciones. En cambio, si nos dirigimos al autoservicio en hora pico, con cinco coches detrás, inconscientemente nos sentiremos obligados a elegir sólo los platos del menú con los que estamos más familiarizados.

Según Paul Boyce, la falta de tiempo limita nuestra capacidad para procesar y analizar una situación y tomar una decisión óptima. Existe una atracción gravitatoria natural de la actividad principal que crea una sensación de urgencia en cada decisión. La proyección de futuro requiere un sentido de propósito, no de urgencia. La urgencia aumentará a medida que el futuro se acerque al presente con el paso del tiempo. Hasta entonces, dé a los planificadores del futuro tiempo y espacio suficientes para explorar todas las variables dentro de una variedad de ecosistemas en busca de tanta claridad como sea posible, para tomar decisiones óptimas sobre el crecimiento y la rentabilidad futuros.

> ➤ *La automaticidad es el hábito arraigado de hacer las mismas cosas una y otra vez.* Una popular marca de consumo llevaba más de una década haciendo la misma jugada publicitaria. Le pregunté a su director de marketing, que llevaba muchos años en el cargo, qué hacía en el proceso de toma de decisiones de su plan de marketing anual. Me respondió: "Cuando llevas tanto tiempo como yo, sabes lo que funciona".

Inconscientemente, era víctima de la Automaticidad: acciones repetitivas que nos hacen sentir que progresamos. Las acciones repetidas se convierten en rutinas. Con el tiempo, repetimos las rutinas sin pensar en otras posibilidades. Si nos cegamos ante otras posibilidades, prever eficazmente futuras perturbaciones y oportunidades resulta prácticamente imposible. Inevitablemente, las empresas que operan con el Sesgo de Automaticidad se ven obligadas a pivotar bruscamente. Pueden enfrentarse a fuerzas invisibles que surgen e impulsan un cambio inmediato, o pueden perder una oportunidad importante. En todos los casos, los líderes se preguntan: "¿Por qué no lo vimos venir?".

La mentalidad de la proyección del futuro tiene sus raíces en la exploración de muchas posibilidades (dentro de áreas del mercado en las que la empresa cree que puede ganar) para aflorar posibles oportunidades futuras que aprovechar y disrupciones que superar.

> ➤ *La falacia del coste hundido nos obliga a seguir gastando dinero en propuestas perdedoras porque ya hemos gastado mucho en ellas.* Concepto hermano de la Automaticidad, la Falacia del Coste Hundido nos impulsa a seguir haciendo lo que siempre hemos hecho. Mis alumnos de MBA trabajan para algunas de las empresas más conocidas y exitosas de Estados Unidos. Cuando les pregunto qué impulsa la toma de decisiones en sus unidades de negocio menos exitosas, muchas veces la respuesta es: "Siempre lo hemos hecho así".

Un estudiante con el que hablé fue colocado en su puesto actual con el propósito expreso de liberarse de la mentalidad de "siempre lo hemos hecho así". Le resultó bastante difícil porque la empresa había creado lo que creía que era un capital en sus ideas y no quería que sus inversiones se echaran a perder. La empresa se negaba a crecer porque seguir invirtiendo en una propuesta perdedora era menos arriesgado que invertir en una oportunidad totalmente nueva. El futuro está lleno de nuevas oportunidades. Si no estamos dispuestos a desprendernos de las cosas actuales para explorar nuevas oportunidades, nos quedaremos atrapados en el presente por nuestras propias decisiones sesgadas.

➤ *El descuento hiperbólico* *es nuestra tendencia a elegir una recompensa menor que recibiremos antes frente a una recompensa mayor que recibiremos más adelante.*

Este concepto también es similar a los dos sesgos anteriores. Hablé con el Director Financiero de una empresa que era número uno en su mercado, duplicando el volumen medio de ventas por unidad de su competidor más cercano. La empresa estaba en fase de alto crecimiento y las tendencias de ventas eran increíblemente fuertes, incluso en la pandemia de COVID—19. La exploración de oportunidades futuras era importante para la empresa. Explorar futuras oportunidades era importante para la empresa, e incluso la diversificación a través de nuevos modelos de negocio estaba sobre la mesa. Sin embargo, el director financiero tuvo que tomar una decisión. ¿Renunciaría la empresa a abrir una nueva tienda, lo que representaría una inversión segura con una sólida rentabilidad, o invertiría en una nueva oportunidad de modelo de negocio arriesgada, aunque pudiera suponer mayores beneficios a largo plazo? ¿Cuál elegiría?

El Director Financiero decidió que la empresa estaba ganando demasiado dinero con su modelo de negocio actual como para explorar otras oportunidades. Cuando la curva de crecimiento de la empresa (inevitablemente) se aplane, ¿el argumento en contra de la inversión en nuevas oportunidades de modelo de negocio será que la empresa no está ganando suficiente dinero? En ese momento, puede que sea demasiado tarde. ¿No es más favorable invertir en oportunidades, sobre todo las arriesgadas, mientras el flujo de caja es fuerte?

El Descuento Hiperbólico es un sesgo poderoso. Los líderes pueden orientarse más hacia el futuro si reconocen el poder que tiene el Descuento Hiperbólico sobre su toma de decisiones.

➤ *El sesgo de normalidad nos inclina a sobrevalorar la probabil- idad de que las cosas sigan yendo como siempre y a descartar la posibilidad de que vayan terriblemente mal.*

Como dice el refrán, "el éxito genera complacencia". Cuanto más tiempo experimentamos el éxito, más probable es que creamos que experimentaremos el mismo éxito, si no mayor, en el futuro. Cada año de éxito confirma nuestras expectativas de éxito, por eso el sesgo de normalidad influye subconscientemente en nuestra visión del futuro de forma tan drástica. Si creemos que lo que hacemos hoy tendrá éxito mañana, nuestro apetito por explorar el futuro no será tan fuerte como nuestro apetito por proteger lo que hacemos actualmente. Este sesgo sofoca los esfuerzos por buscar nuevas oportunidades en horizontes lejanos que podrían situar a la empresa en una posición de éxito aún mayor que la actual.

➤ *El sesgo de confirmación nos lleva a interpretar los datos de forma que apoyen nuestras expectativas preexistentes.*

A muchas ideas ganadoras se les ha negado la oportunidad de convertirse en oportunidades viables porque la historia que contaban los datos no podía superar el Sesgo de Confirmación de los responsables de la toma de decisiones. Si los líderes no apoyan una oportunidad de negocio arriesgada, los datos que rodean a un nuevo concepto deben trabajar más duro para suprimir su Sesgo de Confirmación. Por desgracia, la mayoría de los dirigentes no son conscientes de que están bajo la influencia de este sesgo y, por tanto, son incapaces de dejar atrás sus preferencias personales y ver la historia optimista que cuentan los datos sobre la oportunidad. Dependiendo de cuánto poder e influencia ejerza un líder con este sesgo, este comportamiento puede echar por tierra futuros esfuerzos de proyecciones.

## LA DIVERSIDAD COGNITIVA ES EL REMEDIO A LOS SESGOS COGNITIVOS

En un artículo de Harvard Business Review titulado "Los equipos resuelven los problemas más rápido cuando son más diversos desde el punto de vista cognitivo", Alison Reynolds y David Lewis definen la diversidad cognitiva como diferencias en los estilos de perspectiva o de procesamiento de la información. Además de ser conscientes de nuestra propensión a estos sesgos y del poder que ejercen sobre nosotros, fomentar la diversidad cognitiva puede mejorar nuestra visión de futuro y ayudarnos a avanzar hacia una toma de decisiones orientada al futuro[28].

Como ya hemos establecido, la innovación no es sólo algo que hacemos, sino también cómo pensamos sobre lo que hacemos. Lo mismo ocurre al considerar cómo ven el futuro las organizaciones. No se trata sólo de que miren al futuro lejano, sino también de cómo piensan sobre el futuro que se esconde más allá de horizontes lejanos.

Los estilos de pensamiento desempeñan un papel importante en la proyección de futuro. Algunos de nosotros estamos predispuestos a buscar nuevos conocimientos, generar nuevas ideas, superar los límites y aceptar la ambigüedad. Éstos son los estilos de pensamiento que hacen que la prospectiva tenga más éxito. Jeremy Brown y Alex Rückheim, de Sense Worldwide, han identificado cuatro tipos de personas que deberían formar parte de su consejo de proyección a futuro.

## Inadaptados

Estas personas aportan perspectivas extremas. Si has oído a alguien compartir una idea tan descabellada que te ha hecho pensar: "No puede ser". Probablemente has sido testigo de cómo un inadaptado comparte lo que cree que es una idea completamente plausible. Por ejemplo, Alan Eustice. Según todas las definiciones, Eustace era un friki. Era ingeniero de software y trabajaba en herramientas de análisis de arquitectura informática y computación de bolsillo para Digital, Compaq y HP. Finalmente se incorporó a Google, que entonces era una empresa emergente de cuatro años. En Google, trabajó como Vicepresidente Senior de Ingeniería hasta que se retiró de esa sección de Google el 27 de marzo de 2015. Durante su carrera, Eustice fue coautor de nueve publicaciones y apareció como co—inventor en 10 patentes. Demostró ser un *Inadaptado* ejemplar el 24 de octubre de 2014, cuando realizó un salto en caída libre desde la estratosfera, batiendo el récord mundial de Felix Baumgartner. Los inadaptados no se caracterizan por su profesión. Son inadaptados por sus perspectivas extremas sobre lo que es posible. Alguien que cree que puede caer en caída libre a la Tierra desde la estratosfera es más probable que piense en el futuro de forma más expansiva que las personas sensatas de la mesa de dirección.

## Rebeldes

Estas personas generan perspectivas divergentes. Si el mundo dice "alto", los Rebeldes dicen "adelante". Si las normas sociales dictan que se observen ciertos comportamientos, los Rebeldes buscan sus propios comportamientos y hacen que la sociedad se ponga a su altura. Martín Lutero fue un Rebelde. Hace quinientos años, los católicos temían a Dios y se les enseñaba que Dios odiaba a la humanidad. Se creía que el Papa era el único humano supremo entre el hombre y Dios y sólo él podía ayudar a los humanos a reconciliarse con Dios mediante ofrendas a la iglesia; autoridad que también asignaba a los sacerdotes. Lutero, que también era sacerdote, se iluminó al darse cuenta de que Dios no odiaba a los hombres, sino que los amaba a todos. Señaló las discrepancias entre lo que enseñaba la Biblia y lo que hacía la Iglesia. Lutero enseñó que la salvación y la vida eterna no se ganan con buenas obras, sino que sólo se reciben como regalo gratuito de la gracia de Dios a través de la fe del creyente en Jesucristo como redentor del pecado. Su teología desafiaba la autoría y el oficio del Papa al enseñar que la Biblia es la única fuente de conocimiento revelado divinamente y se oponía a la creencia de que los sacerdotes están destinados a ser mediadores entre Dios y la humanidad al considerar que todos los cristianos bautizados son un sacerdocio santo. Como resultado de su noción rebelde, Lutero se convirtió en el catalizador de la Reforma protestante del siglo XVI. Sus palabras y acciones precipitaron un movimiento que reformuló los principios básicos de las creencias cristianas y dio lugar a la división de la cristiandad occidental entre el catolicismo romano y las nuevas tradiciones protestantes. Imagínese a alguien de sus propias filas presentando ideas que cuestionan el statu quo, articulando nociones contrarias a todo lo que le enseñaron en la escuela. Ese es el tipo de pensador que ve a la vuelta de la esquina y en el futuro de un modo que la gente sensata no puede.

## Atípicos

Son miembros del equipo que tienen perspectivas de vanguardia y pueden ver claramente las oportunidades innovadoras del futuro antes que el resto de nosotros. Mark Zuckerberg es un Atípico. Tanto si te gusta como si no, sus perspectivas empresariales sobre el metaverso son de vanguardia a principios de la década de 2020. Construir un ciberespacio comunitario masivo vinculando la realidad aumentada y la realidad virtual, que permita a los avatares saltar de una actividad a otra, sería una iniciativa enorme. Requeriría estandarización y cooperación entre gigantes tecnológicos poco propensos a colaborar con la competencia. Zuckerberg imaginó un mundo en el que Internet es algo que se experimenta a través de una inmersión multidimensional y multisensorial. Con una perspectiva futurista, vio un mundo que la mayoría de nosotros no podemos imaginar. Más allá de las capacidades de la mayoría de las personas sensatas, Los Atípicos proporcionan puntos de mira en el horizonte lejano que son indicadores de hacia dónde nos llevará el mundo: una competencia esencial para las proyecciones del futuro.

## Los locos

Son los miembros del equipo que fomentan perspectivas disruptivas en su organización. Se les llama locos porque ¿quién en su sano juicio introduciría intencionadamente la disrupción en lo que parece ser un modelo de negocio exitoso y bien gestionado? Dado que sus competidores intentan perturbar su negocio, puede esperar hasta que la presión perturbadora externa supere la fuerza de la resistencia interna, o ensayar proactivamente posibles escenarios aunque perturben la forma de operar de su organización. Los

Locos imponen a propósito la disrupción en partes de la empresa para protegerla.

No ven la imposibilidad de sus ideas. Daniel Ek, co—fundador de Spotify, es un ejemplo perfecto. En un artículo publicado en Music Business World, Ek describe su enfoque diciendo: "Siempre he hecho cosas imposibles. Soy lo bastante ingenuo como para pensar que las cosas siempre saldrán bien y no entiendo del todo lo difíciles que son".[29]

Eso es típico de los Locos. Les encanta presentar ideas opuestas, nunca probadas, sin pensar en todas las razones por las que no funcionarán. Las razones por las que una idea descabellada no va a funcionar se asignan, naturalmente, a la gente sensata de la mesa de líderes.

Probablemente te hayas dado cuenta de que a menudo se menciona a la gente sensata como una especie de contrapeso a estos otros tipos de pensadores, casi como una fuerza de resistencia. Si bien es cierto que la historia no la hicieron personas sensatas, no se equivoque, las personas prácticas y sensatas son esenciales para mantener una empresa sólida. El éxito de cualquier idea de futuro depende de la solidez de su actividad principal. Pero obtener una nueva perspectiva que lleve a su organización hacia el futuro de forma profunda implica conectar con inadaptados, rebeldes, atípicos y locos.[30]

Debe emplearse una gran dosis de intencionalidad a la hora de buscar los tipos adecuados de pensadores con los que comprometerse para considerar oportunidades lejanas. La diversidad cognitiva es una acción que requiere esfuerzo y atención. Representa la diferencia entre ser plenamente consciente de las posibilidades futuras y despreciar ligeramente lo que podría ocurrir algún día.

**Si supieras lo que va a ocurrir dentro de cinco años, ¿qué harías diferente este año? ¿Serías capaz?**

# EMPEZAR: CONSEGUIR EL APOYO DE LOS DIRECTIVOS

El reto más común al que se enfrentan los innovadores orientados al futuro es la falta de interés de los directivos. Una de las formas más eficaces de ganarse el apoyo de los directivos a las nuevas ideas es ir a su encuentro. A menudo es pedir demasiado a los ejecutivos mostrarles una idea de un futuro lejano y pedirles que confíen en usted en el viaje hacia destinos ambiguos. El trabajo de la mayoría de los directivos consiste en garantizar que los resultados de este trimestre serán mejores que los del trimestre anterior. Les consume el "hoy", así que si les muestras un puente desde el "hoy" hasta el "mañana" que comience donde ellos están, se sentirán más cómodos cruzando hacia el futuro. Utilice el presente como punto de partida.

Haga que el futuro parezca estar más vinculado a los objetivos empresariales actuales conectándolo con las competencias básicas de la empresa. Al apoyarse en las cosas que la empresa ya hace bien, ayuda a establecer un terreno común. A partir de ahí, el debate puede desembocar en formas de aprovechar las competencias básicas y ampliarlas a posibles nuevas fuentes de ingresos. A veces, los directivos no son conscientes de las competencias básicas de la empresa. Esto supone una oportunidad para que usted dirija el debate.

### Debatir sus competencias básicas

---

*El siguiente planteamiento puede dar lugar a debates eficaces en torno a las competencias básicas.*

¿Cuáles son los puntos fuertes de su empresa? Si usted es como la mayoría de los directivos, puede enumerar fácilmente una docena de ellos. Pero, ¿qué diferencia las competencias básicas de los puntos fuertes? Esa distinción es un punto crítico.

## Los cinco criterios que definen las competencias básicas

1. Crear valor para el cliente
2. Son únicas o, al menos, escasas (como mínimo en el sector de su empresa y, mejor aún, en el mundo).
3. Son sostenibles durante un periodo de tiempo significativo.
4. Son importantes para la posición actual de la empresa.
5. Pueden aprovecharse en nuevos productos, mercados o negocios.[31]

Las oportunidades de crecimiento futuro deben explorarse en áreas en las que su empresa pueda ganar. Las competencias básicas ayudan a apuntar a esas áreas. Cuando empiece a considerar el crecimiento futuro, es prudente expandirse estratégicamente de forma contigua a las áreas de fortaleza de su organización. Si no se identifican con exactitud las competencias básicas, podrían producirse inversiones que no estén sólidamente formadas en áreas en las que se puede ganar, por lo que hay que asegurarse de que las competencias básicas se examinan y analizan a fondo. Además, las competencias básicas pueden depreciarse con el tiempo si no se gestionan bien o si una perturbación obliga a su mercado a cambiar y evolucionar en direcciones radicalmente distintas. Es una buena práctica revisar rutinariamente las competencias básicas de su empresa para entender de qué manera deben reconsiderarse de cara al futuro.

Una forma de identificar las competencias básicas es utilizar un radar o un gráfico de estrellas en un taller diseñado para suscitar conversaciones entre los líderes interfuncionales de la empresa.

## Ejercicio sobre competencias básicas

➤ Divida a los líderes interfuncionales en grupos de cinco o seis personas.

➤ Pida a cada persona que dedique cinco minutos a escribir todos los puntos fuertes de la empresa que se le ocurran, empezando por su área funcional, escribiendo un punto fuerte por nota adhesiva.

➤ A continuación, cada miembro comparte sus notas adhesivas con el grupo colocándolas en una pizarra, eliminando los duplicados a medida que cada persona las comparte.

➤ Después de que todos en el grupo hayan compartido, se evalúa cada punto fuerte según los cinco criterios discutidos anteriormente. Para ello, considere un punto fuerte cada vez y asigne un valor a cada criterio en función del grado en que el punto fuerte satisface cada criterio, donde 1=nada, 2=poco, 3=neutral, 4=satisface parcialmente, 5=satisface completamente.

➤ Para cada punto fuerte, en función de la puntuación, el radar podría tener el siguiente aspecto:

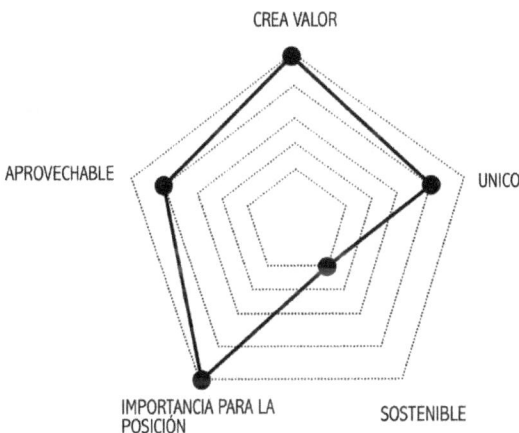

➤ El objetivo de cada grupo es identificar qué punto(s) fuerte(s) representa(n) la puntuación más alta para cada criterio.

➤ Después de que todos los grupos hayan completado este ejercicio, cada grupo elige un portavoz que presenta los resultados del grupo.

➤ Después de la presentación de cada grupo, todos entablan un debate sobre la validez y la calidad de los resultados globales. En la mayoría de los casos, este ejercicio da pie a una investigación más profunda de los principales puntos fuertes presentados, que pueden incluir análisis financieros, competitivos, de consumo, de mercado y de otro tipo. Probablemente sean más que puntos fuertes: son competencias básicas. El resultado de estos análisis es una breve lista cualificada de no más de tres competencias básicas. A menudo, las empresas sólo tienen una.

*(Véase el Lienzo de Oportunidades de Crecimiento en el Apéndice)*

Recuerdo una cadena hotelera que creía que su modelo único de formación en atención al cliente era una de sus competencias básicas. La futurista del equipo, llamada Jasmin, se centraba en las tendencias que representaban oportunidades para que la empresa aprovechara esta competencia básica de nuevas formas. En lugar de examinar montones de informes sobre macrotendencias, Jasmin redujo su mirada y aprovechó al máximo su tiempo centrándose en puntos concretos de la competencia básica del modelo de formación.

El enfoque de Jasmin dio lugar a una nueva oportunidad de negocio dentro de la economía colaborativa. Descubrió que la mayoría de las quejas de los clientes sobre sus experiencias con los trabajadores gig tenían que ver con el servicio, no con el producto. Cuestiones como la falta de comunicación, las expectativas de tiempo, el seguimiento, la resolución de quejas, la amabilidad, la profesionalidad y el buen trabajo con los demás representaban la mayoría de las quejas sobre los servicios de la economía colaborativa. El reto era que las empresas no podían proporcionar formación a los trabajadores de la economía colaborativa directamente porque, según la legislación vigente, la formación sugería que el trabajador era empleado de la empresa y, por tanto, tenía derecho a las mismas prestaciones que los empleados a tiempo completo.

Jasmin creía que había una oportunidad para crear una empresa de formación online en atención al cliente que vendiera certificaciones de formación a los trabajadores autónomos que deseaban conseguir mejores trabajos y buscaban más libertad y flexibilidad. El modelo ofrecería módulos de formación en línea basados en suscripciones directas al consumidor, a partir de contenidos de formación en atención al cliente y hostelería ya existentes en la empresa y disponibles a través de un sitio web de comercio electrónico. La plataforma formaría parte de un sistema de gestión del aprendizaje de terceros con el que la empresa de Jasmin ya tenía relación. Esa construcción del puente abrió conversaciones con ejecutivos que ahora estaban dispuestos a explorar cómo podría ser el viaje a través del puente.

Si Jasmin hubiera intentado convencer a los directivos de que existe una oportunidad potencial al otro lado del vasto cañón llamado futuro, es bastante dudoso que alguien intentara dar el salto. Sin embargo, empezar con un punto fuerte actual y describir cómo puede extenderse a través del abismo es un salto mental más fácil de dar para la mayoría de los directivos, y llevarles a través de ese puente no resulta tan aterrador.

Las competencias básicas proporcionan puntos de mira estratégicos desde los que se puede crecer en las áreas en las que la empresa cree que tiene más posibilidades de éxito. Son esenciales para empezar a buscar oportunidades de futuro. Sin ellas, ¿qué es exactamente lo que se busca en el horizonte? Existen miles de señales. ¿Cómo sabe cuáles merecen su atención? Sin puntos de mira estratégicos, las tendencias pueden parecer demasiado grandes y difíciles de manejar. Cuando los directivos no pueden relacionar una tendencia o alguna de sus señales con las decisiones que deben tomar en los próximos doce o veinticuatro meses, la descartan por completo. Recuerde que la forma de conseguir apoyo es tender un puente desde "hoy" hasta "mañana". Es esencial conectar la competencia básica (hoy) con la tendencia relevante (mañana) que encaja en el punto de mira estratégico.

## DEFINIENDO LOS ECOSISTEMAS EN TENDENCIA

El identificar tendencias y la prospectiva suelen entenderse mal. Muchas veces, nos centramos en el bombo que genera una tendencia a través de los diversos canales mediáticos y pasamos por alto los numerosos detalles que conforman su ecosistema.

Por ejemplo, según PwC, hay ocho tendencias tecnológicas que configuran el mundo de los negocios en la actualidad: Inteligencia Artificial, Realidad Aumentada, Blockchain, Drones, Internet de las Cosas, Robótica, Realidad Virtual e Impresión 3D.[32]

Ninguna de estas tendencias puede existir en el vacío. Cada una requiere un ecosistema que la apoye, mantenga y amplíe. Estas ocho no representan necesariamente la próxima "ola" de innovación en sí mismas, sino más bien ondas que, cuando se combinan con componentes de apoyo del ecosistema, podrían crear una ola disruptiva a la que su empresa podría tener que enfrentarse algún día, o una oportunidad que podría aprovechar. El resto de este capítulo ofrece más detalles sobre la evaluación de los ecosistemas en tendencias en desarrollo.

## TRES PASOS PARA HACER FRENTE A LAS TENDENCIAS

### Primer paso:

En primer lugar, hay que identificar los distintos componentes del ecosistema. Esto implica todas las partes que deben incluirse para que la tendencia fructifique. Por ejemplo, a principios del siglo XX, cuando la tendencia de los automóviles de gasolina sustituyó a los transportes tirados por caballos, había todo un ecosistema que tenía que estar en marcha antes de que el automóvil pudiera ganar impulso en el mercado. Los componentes del ecosistema automovilístico incluían las leyes de tráfico, las señales de tráfico, el refinado de la gasolina, el transporte marítimo, el transporte de mercancías y el transporte por carretera y almacenamiento, los canales de venta, la formación de los técnicos de servicio y los lugares de servicio, las herramientas y el equipamiento para dispensar combustible y reparar los vehículos, la ingeniería de los sistemas eléctricos, la ingeniería y producción de neumáticos, y mucho más.

Una vez definidos todos los componentes, analice periódicamente en qué punto del ciclo de desarrollo se encuentra cada uno de ellos: subdesarrollado, en desarrollo o desarrollado, utilizando un modelo basado en el trabajo de Rita McGrath en su libro Seeing Around Corners:

### Subdesarrollado

➤ Ocurre raramente, o es una tendencia emergente esperada.

➤ La infraestructura y el ecosistema no están formados

➤ Si la infraestructura y el ecosistema empiezan a formarse, la tendencia podría arraigar

### En desarrollo

➤ Puede estar ocurriendo ahora, pero no está generalizada.

➤ La infraestructura y el ecosistema ya existen, pero son más recientes y están menos estructurados.

➤ Si la infraestructura y el ecosistema se consolidan, la tendencia podría crecer

### Desarrollado

➤ Está ocurriendo ahora o a corto plazo.

➤ La infraestructura y el ecosistema están en marcha para que la tendencia siga creciendo.[33]

## Paso Dos:

A continuación, se suman todos los componentes para determinar si el ecosistema en su conjunto está subdesarrollado, en desarrollo o desarrollado. Centrarse simplemente en la tendencia en sí es una visión demasiado limitada. Por ejemplo, cuando Uber estaba ganando popularidad, centrarse en la tendencia del transporte colectivo podría llevar a la interpretación limitada de que podría significar el fin de los taxis. Ampliar la visión para abarcar el ecosistema del transporte revelaría que un sistema mucho más amplio podría verse alterado. Podríamos perdernos el inevitable desarrollo de Uber Elevate si solo nos centramos en los taxis. Creada en 2016, Uber Elevate ha desempeñado un papel importante en sentar las bases del mercado de viajes compartidos aéreos al reunir a reguladores, líderes cívicos, promotores inmobiliarios y empresas tecnológicas en torno a una visión compartida del futuro del transporte aéreo. Sus herramientas informáticas para la selección de mercados, la simulación de la demanda y las operaciones multimodales son el centro de su trabajo y constituyen la base de este acuerdo orientado al futuro. Dependiendo de su sector y de la rapidez con la que se produzcan los cambios, diseñe un ritmo de revisión que pase periódicamente por esta rutina analítica.[34]

## Paso 3:

---

Por último, articule un umbral de formación del ecosistema en el que apretar el gatillo para crear escenarios que representen posibles estados futuros y lo que haría en respuesta y/o lo que haría para buscar valor de forma oportunista. Un enfoque consistiría en puntuar los componentes de un ecosistema en tres dimensiones.

### *Clasificación del ecosistema*

1. **Deseabilidad:** ¿hasta qué punto la gente lo desea tanto como para pagar por ello?

2. **Viabilidad:** ¿Están dispuestos los inversores a invertir en ella?

3. **Factibilidad:** ¿está disponible la tecnología? Las políticas y normativas lo permiten?

# CARACTERÍSTICAS DE LAS SEÑALES

Al considerar las señales de los componentes del ecosistema, hágase las siguientes preguntas.

1. ¿Provoca una forma diferente de pensar? No se trata de qué innovación tangible podría tener éxito. Se trata de la naturaleza de las conversaciones que están influyendo en la necesidad de una mentalidad diferente dentro de las comunidades de interés concentradas.

2. El crecimiento de la conversación también es importante. ¿Cuánta conversación ha generado el tema en los medios de comunicación o en los círculos de su comunidad original? ¿Cuánto tiempo ha durado la conversación? ¿Cuánta tracción parece estar cosechando?

3. ¿Hasta qué punto se amplifica el tema fuera de su círculo original?

4. ¿A cuántos círculos se ha extendido? ¿Cuál es la naturaleza de esos círculos?

5. La mayoría de las señales fallan, pero fallan de formas interesantes. Describa su fracaso. ¿Qué otras señales del pasado han fracasado de forma similar y qué ha ocurrido finalmente con el componente? ¿Se desvaneció o encontró un nuevo ángulo de resurgimiento?

## DÓNDE BUSCAR SEÑALES: MAPA DEL NETWORK DE INNOVACIÓN

El error que cometen muchas organizaciones a la hora de inventar el futuro es que creen que deben hacerlo ellas mismas mediante recursos internacionales. La Dra. Anna—Maria McGowan, Técnica Superior de la NASA y Ejecutiva Superior de Diseño de Sistemas Complejos, nos recuerda: "No hay forma de que una sola empresa posea el pensamiento y las capacidades para innovar en el futuro".

*Las asociaciones estratégicas son la clave de las innovaciones futuras.* McGowan describe cómo, a lo largo de su historia, la NASA ha sido un conector y facilitador de innovadores. No compiten con organizaciones aeronáuticas y espaciales privadas. Les invitan a una mesa preparada con grandes dosis de temas de conversación como "¿Cómo podría ser la Luna una plataforma de lanzamiento a otros planetas?" y luego facilitan conversaciones enriquecedoras. Su organización debería hacer lo mismo.[35]

Si utiliza el Mapa del Network de innovación, podrá identificar a los miembros potenciales de su red que crearán conversaciones enriquecedoras en torno a la mesa de su organización que podrían dar lugar a nuevas relaciones y a una innovación transformadora. En lugar de organizar otra cena a la que asistan todos los participantes internos predecibles, mire fuera de su organización e invite a personas que sean startups extremas, entusiastas de la opinión, académicos especializados, etc.

No olvides invitar a los cuatro tipos de personas de Jeremy Brown y Alex Rückheim que deberían formar parte de tu futuro consejo de proyecciones. Equilibra tu lista de invitados con gente que esté fuera de tu organización pero lo suficientemente cerca como para ser considerados "insiders".

**MAPA DEL NETWORK DE INNOVACIÓN**

ALTA

INTIMIDAD DE LA EMPRESA

| INCREMENTALISTAS ESPERANZADOS | COOPERADORES EXPERTOS |
|---|---|
| INVENTORES PARCIALES | EXTEMISTAS RÁPIDOS |

BAJA

ALTA

**EXPERIENCIA EN**_____
(Inserte la industria ej. autonomía)

*Basado en el modelo de relaciones de innovación de la NASA*

Se un conector, no un protector. Reúna a las personas adecuadas y examine temas interesantes. Permita interactuar e innovar juntos, y usted se beneficiará de ello. Su trabajo consiste en desarrollar y gestionar el proceso para su frecuente convergencia y garantizar una colaboración abierta que podría conducir a un futuro aún no imaginado.

En este último capítulo sólo se han presentado algunos enfoques para analizar y abordar el futuro. La forma de buscar e identificar nuevas oportunidades o disrupciones puede implicar cualquier número de métodos. No existe una fórmula mágica que funcione en todas las organizaciones. Todas las organizaciones, con o sin ánimo de lucro, así como las agencias gubernamentales, necesitan a alguien en su equipo que pueda articular una visión desde la perspectiva del "qué pasaría si" y señalar nuevas y valiosas oportunidades de crecimiento en un futuro más lejano. Quizá ese alguien seas tú.

# APENDICE

# DECLARACIÓN DE DESCUBRIMIENTO

## PROPÓSITO

Proporcionar claridad y enfoque a los líderes.

## INTRODUCCIÓN

"Un problema bien enunciado es un problema medio resuelto".

*Charles Kettering— Consultor de negocios, Inventor,*
*Jefe de Investigación en GM 1920—1947*

## REALIDAD

Esta máxima puede ser cierta en lo que respecta a la toma de decisiones, pero su vinculación con la innovación está fuera de lugar. Cuando se trata de innovación, plantear bien un problema no garantiza que se comprenda a fondo.

La fase de descubrimiento del proceso de innovación es la más importante porque marca la trayectoria del resto del proyecto. También proporciona a los líderes una claridad importante y les permite centrar los recursos en el trabajo que representa el mayor impacto.

## CENTRARSE EN LA PRIORIZACIÓN

Siempre hay más problemas que resolver qué tiempo y recursos disponibles para hacerlo. Ese es el propósito de la Declaración de Descubrimiento: Priorizar LA AUDIENCIA más importante y qué Necesidades/Problemas deben resolverse en primer lugar, en segundo lugar, en tercer lugar, y así sucesivamente.

Rellenar los espacios en blanco que aparecen a continuación parece fácil a primera vista, pero el trabajo que hay detrás es profundo. Dedique mucho tiempo a hacerlo bien y las posibilidades de tener que repetirlo disminuirán considerablemente. Equivocarse en esta parte podría significar semanas o meses de reequipamiento del proyecto porque empezó resolviendo un problema:

- que no se entiende bien
- con una causa que no es una Raíz Causante válida.
- que en realidad no es un problema real para su Audiencia

## I. TU AUDIENCIA

### INSTRUCCIONES

1. Enumere las cuatro audiencias más importantes para su empresa.

2. Defínalos de la forma más precisa posible. Si la audiencia que ha identificado tiene necesidades diferentes EN GENERAL, intente acotar más la audiencia hasta que ésta represente a un grupo de personas que compartan todas las mismas necesidades generales.

3. La puntuación de cada público debe hacerse en relación con los demás públicos de la lista. No debe haber dos públicos que compartan la misma puntuación en Tamaño o la misma en Importancia.

4. Desempate: Seleccione la audiencia que represente el mayor impacto positivo en la empresa si se satisface primero su necesidad.

| NOMBRE | TAMAÑO | IMPORTANCIA | TOTAL |
|---|---|---|---|
| | 1 2 3 4 5 | 1 2 3 4 5 | |
| | 1 2 3 4 5 | 1 2 3 4 5 | |
| | 1 2 3 4 5 | 1 2 3 4 5 | |
| | 1 2 3 4 5 | 1 2 3 4 5 | |

**AUDIENCIA PRIMORDIAL** *(puntuación total más alta)*

## II. SU MAYOR NECESIDAD, EL DOLOR POR RESOLVER

### INSTRUCCIONES

1. Para la audiencia identificada anteriormente, enumera todas las necesidades/deseos que haya descubierto preguntándoles directamente, mediante encuestas, observación, etc.

2. Asegúrese de que los datos proceden de la audiencia, no de lo que usted PIENSA que son sus Necesidades/Preocupaciones.

3. ¡HAZLO BREVE!

4. La puntuación de cada Necesidad/Dolor debe hacerse en relación con las demás. No debe haber dos audiencias con la misma puntuación en Profundidad o en Frecuencia.

5. Desempate: Seleccione la necesidad/dolor que, de resolverse, tendría el mayor impacto positivo en la empresa en el menor tiempo posible.

| NECESIDAD/ DOLOR | GRADE DE AFFECCIÓN | FRECUENCIA | TOTAL |
|---|---|---|---|
| | 1  2  3  4  5 | 1  2  3  4  5 | |
| | 1  2  3  4  5 | 1  2  3  4  5 | |
| | 1  2  3  4  5 | 1  2  3  4  5 | |
| | 1  2  3  4  5 | 1  2  3  4  5 | |

## PRECAUCIÓN

Llegados a este punto, es natural querer pensar en soluciones.

¡NO LO HAGAS!

Ya habrá tiempo para pensar en soluciones en la fase Imaginar. Pensar en soluciones ahora comprometería la calidad del trabajo que has hecho hasta ahora, y hay más trabajo por hacer para entender completamente las Necesidades/Planes.

## III. RAÍZ CAUSANTE DE LA NECESIDAD O DOLOR A RESOLVER

### INSTRUCCIONES

1. Las Necesidades/Dolores no son más que síntomas visibles o vivenciales de algo más profundo. Buscamos ese "algo más profundo": ¡la Causa Raíz!

2. Plantee a la audiencia preguntas de sondeo que empiecen por la necesidad/dolor con la puntuación más alta: ¿Qué es lo que está causando eso? Sigue indagando hasta que hayas llegado a la raíz causante de la necesidad/dolor.

3. Asegúrese de que la Raíz Causante es captada de la Audiencia, no lo que usted piensa que podría ser la Raíz Causante.

4. Sólo debe haber una Raíz Causante. Sigue preguntando "por qué" y otras preguntas de sondeo hasta que llegues a ella. En algunos casos excepcionales, las Necesidades/Problemas están causados por una combinación de condiciones existentes. Identifique la situación que, si se solucionara, resolvería el 80% de la necesidad/dolor.

### RAÍZ CAUSANTE Y PUNTUACIÓN

¿QUÉ TAN SENCILLO ES DE RESOLVER?

1   2   3   4   5

Muy complejo          Muy sencillo

## IV. EL RETORNO DE LA INNOVACIÓN
*(Al menos en este punto)*

### INSTRUCCIONES

1.  No podemos ofrecer proyecciones financieras sobre el retorno de la inversión (ROI) para resolver la Raíz Causante en este momento porque no sabemos cuál será la solución. Sin embargo, podemos recoger respuestas cualitativas de nuestra Audiencia que asignarán valor a esta Necesidad/Dolor mediante un ROI diferente, denominado Retorno de la Innovación.

2.  Preguntar a la audiencia: "Si se resolviera esta Necesidad/Dolor, ¿qué significaría para ti?". Buscamos palabras y frases que expliquen el nivel de importancia desde la perspectiva de la Audiencia.

3.  A diferencia de la puntuación anterior, la puntuación de las Declaraciones ROI puede compartir la misma puntuación. Piense en cada afirmación a lo largo de un espectro desde algo que es "bueno tener" hasta algo que es "necesario tener". Las declaraciones "Necesitan tener" obtendrían una puntuación de 4 o 5.

4.  Ejemplos:
    a.  Respuesta de la audiencia: "Si se resolviera este problema, me ahorraría algo de tiempo haciendo esta tarea, pero en realidad no es para tanto". Es un "sería bueno tener" y obtendría 1 o 2 de puntuación.
    b.  Respuesta de la audiencia: "Si se resolviera este problema, significaría menos estrés en mi vida". Eso es algo importante y debería tenerlo, obtendría hasta 4 o 5 puntos.

5. Existe la posibilidad de que ninguna de las declaraciones de la audiencia tenga una puntuación, y eso está bien. Lo importante es recordar que hay que dejar que el público haga sus declaraciones tal cual y puntuarlas como quiera. No intentes reescribir o interpretar lo que crees que han querido decir. Si no está seguro de lo que han querido decir, haga preguntas aclaratorias.

## ¿CÓMO USAR ESTA SECCIÓN?

1. Es habitual que un equipo o departamento tenga muchas Declaraciones de Descubrimiento elaboradas. El propósito de esta sección es ayudar a calificar cuán significativo sería resolver este problema para esta audiencia.

2. No podemos resolver todas las Necesidades/Problemas al mismo tiempo, por lo que necesitamos una forma de priorizar las Declaraciones de Descubrimiento. Esta sección ayuda a describir con más detalle la importancia que tiene para nuestro público resolver esta necesidad/dolor en particular, en relación con todas las demás que también deben resolverse.

| RETORNO EN LAS DECLARACIONES DE INNOVACIÓN | IMPORTANCIA |
|---|---|
|  | 1 2 3 4 5 |
|  | 1 2 3 4 5 |
|  | 1 2 3 4 5 |

## V. DECLARACIÓN de DESCUBRIMIENTO COMPLETA

### INSTRUCCIONES

1. Rellene los espacios en blanco con la información de las secciones I, II, III y IV.

2. Suma todas las puntuaciones de las secciones anteriores para obtener la puntuación total e introdúcela en la casilla siguiente.

Considerando

Hemos descubierto

que es causado por

De ser solucionado, significaría

**PUNTUACIÓN TOTAL:**

# VI. REPETIR

## INSTRUCCIONES

1. Vuelva a la Sección II y, sin dejar de considerar el mismo Público Prioritario, vaya a la Necesidad/Dolor con la siguiente puntuación total más alta y repita las Secciones III a V anteriores.

2. El resultado será una Declaración de Descubrimiento adicional.

3. Continúe este proceso hasta que todas las Necesidades/ Dolencias de este Público tengan asociada una Declaración de Descubrimiento completa.

4. A continuación, considere la siguiente Audiencia con la siguiente puntuación total más alta y repita las Secciones II a V: descubrimiento de la Necesidad/Deficiencias, identificación de la Causa Raíz y descripción del Retorno de la Innovación.

5. Repita el proceso hasta que haya priorizado todas las Declaraciones de Descubrimiento (la Declaración de Descubrimiento con mayor puntuación es la máxima prioridad, la siguiente con mayor puntuación es la segunda, y así sucesivamente) para todas las audiencias.

# COMPORTAMIENTOS POCO ÚTILES DE LOS TIPOS DE PENSAMIENTO EN LAS SESIONES DE DESCUBRIMIENTO Y DISEÑO Y CÓMO GESTIONARLOS

Este resumen de los tipos de pensamiento está diseñado para ayudar al facilitador a entender cómo gestionar los comportamientos de los diferentes tipos de pensamiento en las sesiones o talleres, de modo que los participantes se encuentren en el mejor espacio mental para aportar el mayor valor posible.

La hipótesis es que conocer la tendencia de cada uno hacia un tipo de pensamiento dominante hará que la participación en colaboraciones sea más eficaz y conduzca a mejores resultados. No me atrevo a encasillar a la gente en un único tipo de pensamiento porque todos podemos pensar en los cuatro tipos en un momento dado. Sin embargo, le recomiendo que pida a los participantes que seleccionen cuál es su tipo de pensamiento dominante en función de la respuesta a: **Si tuviera que pasar todo el día en un solo tipo de pensamiento, ¿cuál me dejaría con mayor energía al final del día?**

| DESCUBRIMIENTO | | | | | |
|---|---|---|---|---|---|
| Comportamiento Útil | Resultado | Medidas Preventivas | Comportamiento Útil | Resultado | Medidas De Fomento |
| **INVESTIGADOR** | El proceso se ralentiza debido a la minuciosidad del investigador. | Frecuentes puntos de control verbales en los que se comparten y discuten los descubrimientos. | Persistencia: no conformarse con la primera, la segunda o incluso la quinta respuesta. | Claridad y una comprensión más profunda de la raíz del problema desde el punto de vista del público. | El equipo debe tener paciencia. También tienen que seguir el ejemplo del investigador y aprender a formular grandes preguntas impulsados por las respuestas que reciban. |
| **INVENTOR** Se vuelve impaciente y ansioso por pasar a la fase de Ideación. | Abandonar la fase de Descubrimiento antes de tener claras las causas subyacentes suele conducir a sesiones de ideación mal dirigidas y, en última instancia, a resultados frustrantes. | Ayude al equipo imaginando preguntas nuevas y creativas y quizás nuevas formas de observar los comportamientos de la audiencia. Tenga paciencia. Los inventores son los beneficiarios de una etapa Descubrir correctamente ejecutada. | Mira las cosas de otra manera y se pregunta por qué ciertas cosas son como son. | Las preguntas se vuelven más profundas y las observaciones más enriquecedoras gracias a las diferentes perspectivas que los inventores son capaces de aportar. | Esté siempre atento al Inventor y, si se calla o se desanima, devuélvalo al trabajo y haga que se centre en el resultado posible. |

| | | DESCUBRIMIENTO | | | | |
|---|---|---|---|---|---|---|
| | Comportamiento Útil | Resultado | Medidas Preventivas | Comportamiento Útil | Resultado | Medidas De Fomento |
| **INVERSOR** | | Abandonar la fase de Descubrimiento antes de tener claras las causas subyacentes suele conducir a sesiones de ideación mal dirigidas y, en última instancia, a resultados frustrantes. | Puntos de control verbales frecuentes en los que se compartan y discutan los descubrimientos. Además, puede ser conveniente que el inversor participe al final de la fase de descubrimiento, cuando se presentan las ideas. Los inversores plantean preguntas para dar un tono más colaborativo a sus tivo a sus comentarios. | Al tener un carácter ligeramente escéptico, el Inversor podría proporcionar el empuje extra necesario para seguir profundizando preguntando: "¿Hasta qué punto confiamos en estas respuestas?". | Las preguntas se hacen más profundas y las observaciones se enriquecen. El equipo se siente seguro de la validez de sus conclusiones. | El equipo tendrá que decidir cuándo atraer al inversor durante la fase de descubrimiento. Reconozca al equipo que el inversor está aquí para criticar con detenimiento los datos que están obteniendo de la audiencia, y que así se obtendrá el mejor resultado posible. |
| **IMPLEMENTADOR** | Al igual que el inventor, el implementador podría abandonar la fase de descubrimiento demasiado rápido y empezar a planificar cómo y cuándo se llevará a cabo la solución, sea cual sea. | Abandonar la fase de Descubrimiento antes de tener claras las causas subyacentes suele conducir a sesiones de ideación mal dirigidas y, en última instancia, a resultados frustrantes. | Puntos de control verbales frecuentes en los que se comparten y debaten los descubrimientos. Además, al igual que en el caso del inversor, convendría que el implementador participara al final de la fase de descubrimiento, cuando se presentan las conclusiones. | El ejecutor podría ayudar a garantizar que el trabajo dentro de la fase Descubrir esté coordinado y diseñado para ser lo más eficiente y eficaz posible. | Pueden ayudar a agilizar las tareas. | Si hay que gestionar un proyecto, deje que el Implementador lo dirija o participe en él. |

| DISEÑO | | | | | |
|---|---|---|---|---|---|
| **Comportamiento Útil** | **Resultado** | **Medidas Preventivas** | **Comportamiento Útil** | **Resultado** | **Medidas De Fomento** |
| **INVESTIGADOR** Los investigadores también pueden aportar ideas de mayor resolución porque las estudian con más detalle. | Pensar demasiado— El exceso de ideas puede entorpecer las contribuciones del inventor a la sesión. | El equipo (o el facilitador) puede dar al Investigador un objetivo en cuanto al número de ideas que debe producir, por ejemplo, entre 15 y 20. El equipo también incorpora al Investigador a la sesión durante la exposición de ideas o la sección de conclusiones. El equipo también incorpora al Investigador a la sesión durante la sección de recuento de ideas o de conclusiones. | Cuando se compromete, el investigador puede ser muy bueno pensando en términos de "qué pasaría si hiciéramos esto..." y "qué pasaría con esto...". Aprovecha su habilidad para hacer preguntas. Esto puede servir para alimentar la ideación. | Eleva las semillas originales de las ideas a niveles superiores, mejorando la idea. | Utiliza "Y si..." para empezar a pensar de forma creativa e intenta hacerlo con el mayor número de ideas posible. |
| **INVENTOR** Inventores son buenos ideando una vez que el equipo ha seleccionado la idea y está listo para seguir adelante. | El equipo puede verse desviado por la continuación de la ideación una vez finalizada esa parte. | A veces, la mejor idea llega a los inventores después de haber compartido una gran cantidad de otras ideas. Si se ha acabado el tiempo de compartir nuevas ideas y sigues ideando, cambia de entorno. Si estás sentado, ponte de pie. Camina hacia otra parte de la sala. Mientras lo haces, anota las ideas que se te ocurran. Con el tiempo, el ritmo de pensamiento se ralentizará. Repasa las ideas y comprueba si hay alguna que te apasione especialmente y compártela. | Generar muchas ideas, entusiasmar y animar a los demás a participar en la creación de ideas. | Aumenta la cantidad de ideas a considerar por el grupo y el espacio para desarrollarlas. | Prepare su mente para estar "en la zona" y libre de distracciones. Aléjate de tu red neural ejecutiva y deja que hable libremente tu red neural predeterminada.. |

| DISEÑO | | | | | |
|---|---|---|---|---|---|
| Comportamiento Útil | Resultado | Medidas Preventivas | Comportamiento Útil | Resultado | Medidas De Fomento |
| **INVERSOR** Juzgar la viabilidad de las ideas en la parte divergente de la etapa. Esto consiste tanto en el juicio interno de sus propias ideas tácitas como en el juicio de las ideas de los demás. Además, los Inversores pueden tender a estar demasiado anclados en un enfoque de un problema concreto y no abrir sus mentes para pensar plenamente de otras maneras. | Menos ideas en general y, lo que es más importante, un espacio inseguro para compartir cualquier idea. | Escribe lo que piensas sobre tus propias ideas, así como las ideas de los demás. Sé el último en compartir y distingue, si tus palabras serán útiles para el proceso de creación de la mejor solución, y b) si tus palabras contribuyen a crear seguridad para el intercambio abierto de ideas. | Los inversores convierten las ideas en realidad. Cuando esto se hace con tacto, a través de preguntas relacionadas con los procesos, los sistemas y las relaciones, como "¿Cómo puede afectar esta idea a nuestras prácticas contables? de proporcionar recursos para esta idea". | Evaluaciones prácticas, críticas y valiosas de las ideas. Esto ayudará al equipo a reducir las soluciones a algunas de las mejores ideas. | Las preguntas de los inversores pretenden acabar con las ideas. Las preguntas que parten de una perspectiva más elevada, más amplia y más orientada al futuro pueden sacar a la luz algunas cuestiones críticas que habrá que abordar si estas ideas siguen adelante, y más orientadas al futuro pueden sacar a la luz algunas cuestiones críticas que habrá que abordar si estas ideas siguen adelante. |
| **IMPLEMENTADOR** Se detiene en unas pocas ideas porque el cómo podría lanzarse la idea llena la cabeza del Implementador. | Menos ideas en total. | Concéntrate en la cantidad de ideas e intenta no detenerte en una sola durante demasiado tiempo. Pide a alguien del grupo que te haga una señal sutil que acordéis de antemano cuándo o si empiezas a dominar el debate. | Proporciona al equipo ideas útiles sobre los posibles retos de la aplicación para reducir las ideas. Además, la habilidad del implementador para los procesos puede ayudar al equipo a desbloquearse, o ayudarles a acelerar las conversaciones de forma más centrada y productiva. | Proporciona un filtro crítico — consideraciones que tendrán que tomar en cuenta si se lanza una idea concreta. Además, junto con el inversor, el ejecutor puede proporcionar una lista de otras partes que deberían participar para lanzar con éxito una idea. | Antes de pasar a la fase de prototipo, dé tiempo al ejecutor para asimilar la idea en su totalidad y articular las implicaciones de su posible lanzamiento. Este es un buen comienzo para elaborar una lista de supuestos asociados a una idea concreta. |

Los cuatro tipos de pensamiento que se tratan en este libro están inspirados en la poderosa obra Foursight Profiles de Gerard Puccio, PhD. Puedes encontrar los 15 Perfiles Foursight en www.foursigh— tonline.com.

# LIENZO DE OPORTUNIDADES DE CRECIMIENTO FUTURO

Tu nombre

Nombra la oportunidad
estratégica:

¿Cuál es la gran idea que deberíamos considerar?

¿Cómo funciona la propuesta de valor de esta idea?

## Encierre el número apropiado

| | | |
|---|---|---|
| Impacto de Ventas (1= poco, 5-significativo)) | 1 2 3 4 5 |
| Línea de tiempo (1= más adelante, 5=ahora) | 1 2 3 4 5 |
| Factibilidad (1= baja, 5=alta) | 1 2 3 4 5 |
| Esfuerzo (1= alto, 5=bajo) | 1 2 3 4 5 |
| Capacidad (1= todas nuevas, 5=todas existentes) | 1 2 3 4 5 |

**PUNTUACIÓN TOTAL**

# LIENZO DE OPORTUNIDADES DE CRECIMIENTO FUTURO

¿Cuáles son los retos que enfrenta el éxito de esta idea?

¿Cómo puntuaría estos retos en una generalidad: Bajos, Medios, Altos?

¿Cuáles son las razones para creer que está idea funcionaría?

¿Cuáles micro—tendencias fueron parte de las consideraciones? ¿Es emergente, formada o en proceso de solidificarse?

# ACERCA DEL AUTOR

**M**ichael McCathren, autor del libro de 2022, 6Ps of Essential Innovation, es un experto en innovación estratégica que ha pasado más de 30 años dirigiendo esfuerzos en operaciones, cadena de suministro, finanzas, planificación estratégica y marketing. Al momento de escribir estas líneas, supervisa la Innovación Empresarial en el grupo de Innovación y Nuevas Empresas de Chick—fil—A, donde él y su equipo son responsables de ayudar a la organización a transformar sus ideas en valor empresarial.

Curioso y creativo por naturaleza, Michael aborda la vida con una mentalidad innovadora y dedica tiempo a fomentar ese potencial en los demás. Fuera de su trabajo con Chick—fil—A, es profesor adjunto de Gestión de la Innovación en el Terry College of Business de la Universidad de Georgia.

Michael tiene un máster en Innovación por la Universidad de Northeastern. Está profundamente apegado a su fe y a su familia, y disfruta viendo el mundo desde su motocicleta o acampando con su esposa, Dena.

# NOTAS

1. Deloitte, "Building The Resilient Organization", 2021 Deloitte Global Resilience Report, enero de 2021: https://www2.deloitte.com/us/en/insights/topics/strategy/characteristics—resilient—organizations.html.

2. Vijay Govindarajan y Chris Trimble, The Other Side of Innovation, (Boston: Harvard Business Review Press, 2010).

3. Jeff Dyer, Hal Gregersen y Clayton M. Christensen, El ADN del innovador (Boston: Harvard Business Review Press, 2011).

4. Michael J. Gelb, Cómo pensar como Leonardo da Vinci, (Nueva York: Dell, febrero de 2000).

5. Dan Pontefract, "The Foolishness Of Fail Fast, Fail Often", Forbes, sep. 2018: https://www.forbes.com/sites/danpontefract/2018/09/15/the—foolishness—of—fail—fast—fail—often/?sh=68c3fa7659d9.

6. Jacob Morgan, El futuro del trabajo (Wiley, 2014): https://thefutureorganization.com/books/.

7. Gary P. Pisano, "La dura verdad sobre las culturas innovadoras" HBR, enero—febrero de 2019.

8. Bernadette Dillon y Juliet Bourke, "Six Signature Traits of Inclusive Leadership", (Deloitte University Press, 2016): https://www2.deloitte.com/us/en/insights/topics/talent/six—signature—traits—of—inclusive—leadership.html.

9. Basharat Javed, Sayyed Muhammad Mehdi Raza Naqvi, Abdul Karim Khan, Surendra Arjoon y Hafiz Habib Tayyeb, "Impact of inclusive leadership on innovative work behavior: The role of psychological safety", Journal of Management & Organization, Cambridge University Press, 23 de febrero de 2017.

10. Jim Collins, Good to Great, (Nueva York: Harper Business [Harper Collins], 2001).

11. Adams Nager, David Hart, Stephen Ezell y Robert D. Atkinson, The Demographics of Innovation in the United States (Information Technology & Innovation Foundation, febrero de 2016): http://www2.itif.org/2016—demographics—of— innovation.pdf.

12. Anita Williams Woolley, Christopher F. Chabris, Alex Pentland, Nada Hashmi y Thomas W. Malone, "Evidence for a Collective Intelligence Factor in the Performance of Human Groups", Science, Sep. 2010: https://science. sciencemag.org/content/330/6004/686.full#aff—1.

13. Derek Thompson, "El secreto de los grupos inteligentes: Son las mujeres", The Atlantic, 18 de enero de 2015: https://www.theatlantic.com/business/ archive/2015/01/the—secret—to—smart—groups—isnt—smart— people/38462 5/.

14. Vivian Hunt, Sara Prince, Sundiatu Dixon—Fyle y Lareina Yee, "Delivering Through Diversity" (McKinsey & Company, enero de 2018).

15. Edgar H. Schein y Peter A. Schein, Humble Inquiry: The Gentle Art of Asking Instead of Telling, 2ª ed. (San Francisco: Berrett—Koehler Publishers, febrero de 2021).

16. Paul J. Zak, "La neurociencia de la confianza", Harvard Business Review, enero—febrero de 2017.

17. Adaptado de Clayton M. Christensen, El dilema del innovador (Boston: Harvard Business Review Press, 2016).

18. Steve Coley, "Los tres horizontes del crecimiento", (McKinsey & Company) McKinsey Quarterly, 1 de diciembre de 2009.

19. Peter Stewart, "Teaming Anywhere: The Nine Dimensions of Successful Teaming", Forbes, 26 de marzo de 2021.

20. Rikke Friis Dam, "5 Stages in the Design Thinking Process", Interactive Design Foundation, 2 de enero de 2021: https://www.interaction—design.org/ literature/article/5—stages—in—the—design—thinking—process.

21. Roger E. Beaty, Mathias Benedek, Scott Barry Kaufman y Paul J. Silvia, "Default and Executive Network Coupling Supports Creative Idea Production", Scientific Reports, 17 de junio de 2015.

22. Informe mundial sobre los espacios humanos

23. https://www.post—it.com/3M/en_US/post—it/contact—us/about—us/.

24. Para más información sobre la medición de la innovación, recomiendo explorar Ground Control (https://togroundcontrol.com)

25. Scott D. Anthony, Paul Cobban, Rahul Nair, Natalie Painchaud, "Derribar las barreras a la innovación", Harvard Business Review, nov.—Dic. 2019.

26. https://collaborative—coaching.com/team— assessment/.

27. Mark W. Johnson y Josh Suskewicz, Lead From The Future, (Boston: Harvard Business Review Press, 2020).

28. Alison Reynolds y David Lewis, "Los equipos resuelven los problemas más rápido cuando son más diversos cognitivamente", Harvard Business Review, 30 de marzo de 2017.

29. "La historia de Daniel Ek", Music Business Worldwide, 21 de febrero de 2021: https:// www.musicbusinessworldwide. com/people/daniel—ek/?fbclid=IwAR1Qqhi6c 7pTx8zSHgMD5Dq7owrjG0LZJrjKcKWGfy8LZzqtVjmIt9pCfZs.

30. Innovation Leader Master Class, "Cognitive Diversity: 5 Ways that Outliers, Misfits, Rebels, and The Crazy Ones Drive Breakthrough Innovation for Nike, PepsiCo, and SC Johnson", octubre, 2021.

31. Peter Skarzynski y Rowan Gibson, Innovation to the Core, (Boston: Harvard Business Press, 2008).

32. Más información en www.pwc.com/us/en/tech—effect.html.

33. Rita McGrath, Seeing Around Corners, (Boston: Houghton Mifflin Harcourt, 2019).

34. Joby Aviation, "Joby Aviation da la bienvenida a una nueva inversión de 75 millones de dólares de Uber al adquirir Uber Elevate y ampliar su asociación". 8 de diciembre de 2020. https://www.jobyaviation.com/news/joby—aviation— welcomes—new—75m—investment—from—uber—as—it—acquires—uber— elevate—and—expands—partnership/?uclick_id=9696ff65—2f3b—44b4— a490—cd2a3e5caad8.

35. Anna—Maria McGowan Técnica Superior (ST) de la NASA, Ejecutiva Superior de Diseño de Sistemas Complejos, conferenciante invitada, Northeastern University, verano de 2021.

www.ingramcontent.com/pod-product-compliance
Lightning Source LLC
Chambersburg PA
CBHW041603220326
41597CB00057B/5098